Strom fürs Hertz

VOLKER GUSTEDT

Strom fürs Hertz

Was unsere Welt in Wirklichkeit zusammenhält.

Bibliografische Information der Deutschen Nationalbibliothek

Die Deutsche Nationalbibliothek verzeichnet diese Publikation in der Deutschen Nationalbibliografie; detaillierte bibliografische Daten sind im Internet über http://dnb.d-nb.de abrufbar.

© 2022 Volker Gustedt

Umschlagdesign: bernoh – Werkstatt für Grafik Illustration

Ausdruck

Satz, Herstellung und Verlag:

BoD – Books on Demand, Norderstedt

ISBN 978-3-7568-8521-3

Inhalt

Vorwort 7

1 Woraus besteht Strom? 10
  1.1 Eine funkensprühende Göttin 10
  1.2 50 Hertzchen für Heinrich Hertz 12
  1.3 Heiße Haare und viel Watt 15
  1.4 Spannung wie im Kino 18
  1.4 AC/DC, Beyoncé und das IKEA-
     Kinderparadies 21
  1.5 Ampere als Sättigungsbeilage 25
  1.6 Das Ohmsche Kindheitstrauma 27
  1.7 Mega-, Giga- und Teramäßig 31

2 Wer macht Strom? 33
  2.1 Malocher im Kraftwerk 33
  2.2 Einfach mal Sonne tanken 35
  2.3 Viel Wind um den Wind 38

3 Wie kommt Strom von A nach B? 43
  3.1 Rechte Masche, linke Masche 43
  3.2 Der neue Smog 46
  3.3 Strommasten zum Mitraten 49
  3.4 Hightech im Mantel 52
  3.5 Ausflug zum Umspannwerk 53
  3.6 Konvertiten und Konverter 58
  3.7 NICHTS 62
  3.8 Nähen, flicken, kaufen 65

3.9 Netze im Vergleich 68

3.10 Tour der Blindleister 71

3.11 Muttis Türsteher 75

4 Strom als Ware 79

4.1 Oma Krause kauft Tomaten 79

4.2 Ist der Strom wirklich »Bio«? 82

4.3 Schock, Terror, Abzocke 86

4.4 Im Stromplanschbecken 92

4.5 Strom auf Vorrat 96

4.6 Geisterstrom und Flaschenhälse 100

4.7 Zugenähte Hühnerhintern 104

4.8 Und die Sünder müssen zahlen 111

5 Der Strom und die Paragrafen 115

5.1 Meine Top 10 des Energierechts 115

5.2 Belohnung statt Prügel 121

6 Wird der Strom auch digital? 129

6.1 Internet of good Energy 129

6.2 Herr Tur Tur und die Blockchain 134

7. Abspann 139

7.1 Herz und Hertz 139

Danke 141

Vorwort

Es ist merkwürdig. Unser modernes Leben ist ohne ein »Produkt«, das man weder sehen, riechen, hören oder schmecken kann, undenkbar. Und natürlich sollte man dieses »Produkt« auf keinen Fall anfassen. Das lernen wir schon als Kleinkind. Hätte man diese Ware vor 500 Jahren auf einem mittelalterlichen Markt feilgeboten, man wäre wegen Blasphemie geteert, gefedert und aus der Stadt gejagt worden. Oder Schlimmeres.

Heute leben wir in einer total elektrifizierten Welt. Strom ist einfach immer da, rund um die Uhr, ständig. Wir brauchen nur einen Stromanschluss wie eine Steckdose – schon werden wie von Zauberhand Millionen Dinge möglich. Frei nach Goethes Dr. Faust, der an der Wissenschaft verzweifelte und in der Magie seine Erlösung suchte, ist Strom der Stoff, der unsere heutige Welt im Innersten zusammenhält.

Ohne eine dauerhafte Stromversorgung und eng gewebte Netze zu dessen Transport würde das zivilisierte Leben zusammenbrechen. Wir hätten kein Licht, kein fließendes Wasser, keine Heizung, kein Telefon und keine Medieninformationen. Wir könnten nirgendwo bezahlen, weil Geldautomaten und Kassen ihren Dienst verweigern würden. Unternehmen und öffentliche Einrichtungen würden allenfalls im Notbetrieb arbeiten, Polizei, Feuerwehr und Krankenhäuser inbegriffen. Der Nachschub an Nahrungsmitteln, Medikamenten und anderen Dingen des täglichen Bedarfs würde versiegen, weil ohne Strom nichts produziert und auch nichts transportiert werden kann. Eine Welt ohne Strom wäre eine Welt des Chaos und des Elends, zumindest bei uns in der sogenannten industrialisierten modernen Welt.

Und obwohl die Menschen an diesem lebensnotwendigen Stoff hängen wie der Junkie an der Nadel, kennen sich die wenigsten damit aus. Die meisten, so wie ich auch, haben sich letztmals im Physikunterricht in der Schule mit der »Elektrizitätslehre« beschäftigt. Danach überließen sie diese Disziplin den Fachleuten (früher nannten wir sie Streber), die komplexe Gleichungen und Formeln aus nicht nachvollziehbaren Gründen interessant oder spannend fanden.

Aber es ist nie zu spät, das Mysterium Strom halbwegs zu begreifen. Unnütz ist ein solches Halbwissen jedenfalls nicht. Denn die Art und Weise, wie die Industriegesellschaften heute und in Zukunft Strom erzeugen und verbrauchen, hat unmittelbare Auswirkungen auf unsere Lebensgrundlagen. Sie hat massive Auswirkungen auf den Ausstoß von Treibhausgasemissionen und darauf, ob das Abbremsen des Klimawandels gelingt. Dazu haben sich – zumindest auf dem Papier – fast alle Staaten dieser Erde verpflichtet. Wer bei den politischen Themen Energiewende und Klimaschutz mitreden will, sollte daher in Ansätzen wissen, wie ein Stromsystem aufgebaut und was zu dessen Aufrechterhaltung technisch notwendig ist.

Dieses kleine Buch soll dabei helfen, auf unterhaltsame Weise einen Einblick in die Welt der Stromerzeugung, des Stromtransportes und auch des Stromhandels zu bekommen. Ich verwende darin keine einzige Formel und keine Gleichung. Versprochen! Mangels (elektro)technischer Ausbildung mache ich aus der Not eine Tugend und benutze vorwiegend sportliche, soziologische, historische, religiöse und anekdotische Erklärungen.

Ich wünsche Ihnen viel Spaß beim Entdecken der wundersamen Welt des Stroms.

1 Woraus besteht Strom?

1.1 Eine funkensprühende Göttin

Strom ist eine umgangssprachliche Bezeichnung für Elektrizität. Wenn Strom fließt, dann bedeutet das eine Bewegung von elektrisch aufgeladenen Teilchen. Der Begriff geht auf die griechische Göttin Elektra zurück, die im Olymp für Wolken und Gewitter zuständig war. Wenn sie von Zeus & Co. mal wieder gemobbt wurde, ging sie nicht zur Psychotherapie, wie das heute üblich wäre, sondern ließ ihrer Wut in Form von fürchterlichen Blitzen freien Lauf. Das soll angeblich reinigend wirken. Elektrizität hat also etwas mit Blitzentladungen zu tun.

Und außerdem hat es etwas mit Bernstein zu tun. Tatsächlich heißt das altgriechische Wort »Elektron« übersetzt Bernstein. Warum? Weil beim Aneinanderreiben von Bernstein die Träger von Elektrizität, die Elektronen, in Aufruhr geraten und auf schnellstem Weg zu ihrem Mutterschiff, dem Atomkern, zurückkehren wollen. Dabei sprühen sie Funken, sie sind elektrisch aufgeladen. Offenbar hat dieses Phänomen die alten Griechen inspiriert, ihrer Gewittergöttin den schönen Namen Elektra zu verleihen – die Bernsteingöttin.

Diese Entladungen auch nutzbar zu machen, das wurde erst viel später entdeckt. Es gibt auch nicht einen einzigen Entdecker der Elektrizität, sondern zahlreiche. Otto von Guericke publizierte 1672 Experimente mit einer Elektrisiermaschine, mit deren Hilfe er elektrische Aufladungen sichtbar machen konnte. Doch erst 100 Jahre später ging es mit den Forschungen richtig los. Forscher wie Benjamin Franklin, Luigi Aloisio Galvani, Alessandro Giuseppe Antonio Anastasio Volta, Charles Augustin de Coulomb, Hans Christian Oersted, André-Marie Ampère, Michael Faraday, Werner von Siemens und viele, viele andere schufen die Grundlagen für die Nutzbarmachung von Elektrizität.

Und 1882 wurde erstmals eine Elektrizitätsübertragung über eine große Entfernung möglich, eine 57 Kilometer lange Gleichstromverbindung zwischen Miesbach und München in Bayern. Seither war klar: So wie Wasser durch Wasserrohre strömt, so kann Elektrizität durch Kabel oder Freileitungen strömen. Daher der Begriff Strom.

Im Englischen ist übrigens ein anderes Synonym für Elektrizität gebräuchlich: Power. Über diesen Umweg kam noch ein weiterer Begriff in den technischen deutschen Sprachgebrauch: Kraft. Daher sprechen wir von »Kraftwerken« anstatt von »Stromwerken« oder von »Windkraftanlagen« statt von »Windstromanlagen«. Also nicht verwirren lassen. Elektrizität, Strom, Kraft – es ist alles das gleiche physikalische Phänomen.

1.2 50 Hertzchen für Heinrich Hertz

Wenn man einen Small Talk schnell beenden möchten, spricht man am besten über Stromnetze. Garantiert herrscht dann für einen Moment peinliches Schweigen, während das Gegenüber krampfhaft nach einem neuen Thema sucht. Über Strom zu plaudern, ist für viele Menschen ungefähr so interessant, wie über Zusatzklauseln bei Rentenversicherungsverträgen oder IP-Adressen im Internet zu sprechen. Das bestätigte mir auch eine junge, charmante und sehr schlaue Kollegin, die als promovierte Mathematikerin Wahrscheinlichkeitsberechnungen zur Stromversorgungssicherheit modelliert. Ein sehr komplexes Thema für echte Spezialistinnen und Spezialisten. Sie gab es inzwischen auf, bei Partys über ihren Beruf zu sprechen.

Mir selbst geht es ähnlich. Wenn ich im privaten Gespräch auf die Frage nach meinem Arbeitgeber mit »50Hertz« antworte, blicke ich in Gesichter voller Fragezeichen. Was könnte 50Hertz wohl bedeuten? Hat das vielleicht etwas mit einer Datingplattform für Menschen ab 50 aufwärts zu tun? Oder mit Ü-50-Partyveranstaltungen? Manch einer denkt vielleicht auch an eine kardiologische Arztpraxis. Schließlich soll man mit 50 Jahren ganz besonders an sein Herz denken. Oder, vierte Variante, den Leuten fällt der »gelbe« Autovermieter ein.

Aber: Mit alldem und auch mit dem US-Amerikaner John D. Hertz, dem Gründer der gleichnamigen Fahrzeugvermietung, hat 50Hertz natürlich nichts zu tun. Der Namensgeber meines Unternehmens ist Heinrich

Hertz aus Hamburg. Beide Hertzens, der Hamburger Erfinder und der amerikanische Autovermieter, waren weder miteinander verwandt noch verschwägert.

Heinrich Rudolf Hertz (1857–1894) war einer der berühmtesten deutschen Physiker. Leider starb er mit nur 37 Jahren nach einer Migräneattacke an Gefäßrheumatismus, sonst hätte er wahrscheinlich noch weitere bahnbrechende Entdeckungen gemacht. Sein Meisterstück gelang ihm 1886, als er nicht nur die Existenz elektromagnetischer Wellen nachwies, sondern diese auch experimentell erzeugte. Und damit war der Grundstein gelegt für all die großartigen Erfindungen wie Telefon, Radio, Fernsehen, Computer und eben auch Stromnetze. Dank Heinrich Hertz wurde es möglich, Stimmen, Bilder, Texte und Elektronen wellenförmig über große Distanzen hinweg zu transportieren.

Aber warum heißt der Stromübertragungsnetzbetreiber 50Hertz und nicht zum Beispiel 1000Hertz, was wesentlich eindrucksvoller klingen würde? Ganz einfach: 50 Hertz ist nun einmal die normierte Netzfrequenz, auf der in Europa und in weiten Teilen der Welt Strom mit Wechselspannung übertragen wird. Nur in Mittel- und Nordamerika sowie in Teilen Asiens und Ozeaniens sind es 60 Hertz.

Als Frequenz bezeichnet man ein periodisch wiederkehrendes Ereignis. In der Physik definiert die Frequenz die Anzahl bestimmter Schwingungen oder Wellen in einer Sekunde. Heinrich Hertz entdeckte als Erster, dass sich über elektromagnetische Wellen Informationen transportieren lassen, zum Beispiel Töne. Das war die Geburtsstunde der »Funktelegraphie«,

des Radios und letztlich auch der elektrischen Stromübertragung mittels schwingender Wellen. All diesen
Anwendungen wurden bestimmte Frequenzbänder
zugewiesen.

Eines der bekanntesten Frequenzbänder ist der
UKW-Bereich bei Radiosendern, also der Ultrakurz-
wellenbereich. Deutschlandfunk zum Beispiel sendet
in Berlin auf der Frequenz 97,7 Megahertz, also mit
einer Frequenz von 97,7 Millionen Schwingungen pro
Sekunde. Nur wenn man das Radio auf diese Frequenz
einstellt, kann man das Programm in Berlin hören.
Fährt man mit dem Auto Richtung Leipzig, fängt es
irgendwann an zu knistern und man muss auf eine
neue Frequenz wechseln.

So ähnlich ist es auch beim Strom, der sich am besten
im Niederfrequenzband übertragen lässt. Allerdings
möchte man natürlich nicht, dass man die elektrischen
Geräte ständig auf eine neue Frequenz nachjustieren
muss, sobald man von einem Stromnetzgebiet ins andere fährt. Das würde Chaos bedeuten. Es ist also
praktischer, wenn alle auf derselben Frequenz Strom
»senden«, bei uns eben auf der Frequenz 50 Hertz.
Das sind 50 Schwingungen pro Sekunde.

Diese Norm sorgt dafür, dass der Strom wirklich immer und ohne Störungen bei den Verbrauchern ankommt. Abweichungen von mehr als 0,2 Hertz nach
oben oder unten deuten auf ein Über- oder Unteran-
gebot von Strom im Netz hin und müssen durch Zu-
schalten von Kraftwerken oder Abschalten von Strom-
verbrauchsstellen ausgeglichen werden. Anderenfalls
könnte es zu einem Spannungsabfall und damit zu

Stromausfällen und Schäden an elektrischen Geräten kommen. Das passiert immer mal wieder. Allerdings sehr, sehr selten.

1.3 Heiße Haare und viel Watt

Die Erfahrungen aus dem Berufsleben und der Freizeit lehren uns: Arbeit und Leistung sind nicht immer identisch. Im Fitnessstudio kann man das sehr gut beobachten. In der Abteilung Muckis geht es um Leistung. Mal locker 100 Kilogramm auf der Bank drücken. Geil, Alter! Aber hat schon mal jemand diese Muskeltypen auf einem Stepper gesehen?

Und dann gibt es diese kleinen drahtigen Frauen und Männer, die wie ein Hamster stundenlang übers Laufband joggen, ohne schlappzumachen. Ich wette, Letztere verrichten mehr Arbeit in Form von Kalorienverbrauch als die Bankdrücker. Am besten ist natürlich, wenn man beides sportlich miteinander kombiniert. Sixpack plus Ausdauer ist die Traumkombination, mit der man es halb- oder ganz nackt sogar auf das Cover von Hochglanzmagazinen schafft.

Auch in der Elektrotechnik unterscheidet man zwischen Leistung und Arbeit, also wie stark zum Beispiel ein Kraftwerk ist und wie viele Stunden im Jahr es wirklich arbeitet. Der Faktor Zeit spielt die entscheidende Rolle. Es gelten ähnliche Gesetze wie im Fitnessstudio.

Für fast jede Maßeinheit in der Physik gibt es einen berühmten Namensgeber. Bei der Leistung ist es der schottische Erfinder James Watt (1736–1819). Watt selbst benutzte zur Definition von Leistung noch den Begriff »Horsepower«, also »Pferdestärke«. Noch heute ist PS im Automobilbereich gebräuchlich, um die Muskeln unter der Kühlerhaube zu beschreiben.

Den Zusammenhang von Leistung und Arbeit kann man ganz anschaulich am Beispiel eines Föhns beschreiben. Ein Föhn mit 2.000 Watt hat ordentlich Power und die Haare werden schnell trocken. Hätte der Föhn 20.000 Watt, wären die Haare sehr viel schneller trocken – aber leider der ganze Kopf verbrannt. Hätte der Föhn nur 200 Watt, würde man garantiert jeden Tag mit nassen Haaren zur Arbeit kommen.

Nicht nur beim Verbrauch, auch bei der Energieerzeugung hat Watt als Kennzahl für die Leistung von Kraftwerken oder anderen Erzeugungsanlagen eine wichtige Bedeutung. Aber nur in Kombination mit Arbeit, also der Zeit, in der diese Anlagen ihre Leistung erbringen, ergibt sich daraus oft ein sinnvoller Zusammenhang. Insbesondere beim Einsatz von Sonne und Wind zur Stromerzeugung ist es wichtig, den Faktor Zeit zu betrachten. Denn es nutzt ja wenig, wenn die volle Leistung nur alle Nase lang zur Verfügung steht – man braucht sie ja eigentlich rund um die Uhr. Aber Wind- und Solarenergie sind eben stark vom Wetter abhängig, die Fachleute sprechen von »Volatilität«.

Diese Erfahrung machen auch die Menschen, die sich eine Solarstrom- oder Photovoltaikanlage (PV) auf das Dach ihres Häuschens montieren lassen. Sie wollen ihren eigenen Strom erzeugen – fürs gute Gefühl, für den Klimaschutz, aber auch, um langfristig Geld zu sparen. Eine solche kleine Anlage hat in der Regel eine Leistung von rund 5.000 Watt. Aber nur dann, wenn die Sonne wirklich im richtigen Winkel auf die Module trifft. Deshalb wird hinter das Wattzeichen W noch ein kleines p gesetzt, p = Peak. Also Maximalleistung.

Nun scheint die Sonne nur tagsüber und ist auch häufig von Wolken verdeckt, die Sonnenscheindauer liegt in Deutschland bei durchschnittlich 1.500 Stunden pro Jahr – im Norden weniger, im Süden tendenziell mehr. Da die Sonne aber morgens und abends im schrägen Winkel und manchmal auch diffus auf die Solarmodule trifft, zählen nur etwa zwei Drittel dieser Zeit als sogenannte Volllaststunden. Multipliziert man also die Höchstleistung der PV-Anlage mit den Volllaststunden, so kommt man auf rund vier bis fünf Millionen Wattstunden, die eine Dachanlage so erzeugt. Damit kann man rein rechnerisch den Jahresstrombedarf einer einzigen mehrköpfigen Familie mit relativ hohem Stromverbrauch abdecken.

Bei der energiewirtschaftlichen Stromerzeugung hat man es natürlich mit ganz anderen Dimensionen zu tun. Der Windpark Baltic 2 zum Beispiel, der weit draußen vor der Küste Rügens Strom erzeugt, hat eine Leistung von 288 Millionen Watt. Wenn sich dessen 80 Windräder 4.000 Stunden pro Jahr mit dieser Leistung drehen, dann erzeugen sie ein Jahr lang Strom für etwa 350.000 private Haushalte.

Das größte Kraftwerk der Welt befindet sich übrigens, wo sonst, in China. Das Wasserkraftwerk am Drei-Schluchten-Staudamm hat eine Leistung von 22

Milliarden Watt. Es erzeugt beinahe ununterbrochen Strom und könnte ganz Ostdeutschland inklusive Berlin mit Strom versorgen.

1.4 Spannung wie im Kino

Spannung wird in der Einheit Volt gemessen. Der Name geht auf einen Italiener zurück, Graf Alessandro Giuseppe Antonio Anastasio Volta (1745–1827). Er erfand übrigens auch die Batterie.

Damit Strom in einer Leitung fließen kann, ist elektrische Spannung erforderlich. Vereinfacht gesagt: Erhöht man die Spannung, kann viel Strom fließen. Reduziert man die Spannung, fließt weniger Strom. Für hohe Spannungen braucht man entsprechend starke Leitungen, bei niedrigen Spannungen reichen spindeldünne Kabel aus.

Dabei gibt es unterschiedliche Spannungsebenen. Der Transport von Strom ist ähnlich organisiert wie der Postverkehr. Man schmeißt einen Brief in den Briefkasten. Ein kleines Postauto kommt vorbei und nimmt viele Briefe mit. Im Briefverteilzentrum werden sehr, sehr viele Briefe sortiert und in Lkw verladen und zum nächstgrößeren Verteilzentrum gefahren. Von dort geht es im Sattelschlepper weiter auf die Autobahn und am Ende der Kette wird ein Brief in ein kleineres Fahrzeug umgeladen, dann in die Taschen des Briefträgers und zum Schluss hinein in den Briefkasten.

So ähnlich ist die Pyramide auch beim Strom. Dort ist der Transport über vier Spannungsebenen organisiert. An den jeweiligen Schnittstellen gibt es Trafos und Umspannwerke. Für die Abholung und Zustellung von Strom sind die lokalen Verteilnetzbetreiber zuständig, die auch die Stromzähler ablesen. In kleineren Trafohäuschen wird diese Niederspannung auf Mittelspannungsniveau und in Umspannwerken auf Hochspannung bzw. auf Höchstspannung über Transformatoren angehoben. Umgekehrt wird die Spannung auch wieder nach demselben Schema reduziert.

Die sogenannten Übertragungsnetzbetreiber sind für den Höchstspannungsbereich ab 220.000 Volt aufwärts zuständig. Das wären im Postverkehr diejenigen, die die Briefe in Sattelschleppern oder Güterzügen über Autobahn oder Schiene zum Beispiel von Hamburg nach München transportieren.

Der Begriff »Spannung« ist daher für Netzbetreiber eine extrem wichtige Kenngröße. Und daher kann man sagen, dass die Übertragungsnetzbetreiber cineastisch betrachtet die Thriller-Spezialisten unter den Netzbetreibern sind. Sie bieten Nervenkitzel pur. Die Niederspannung 230 Volt bei uns zu Hause an der Steckdose entspricht dem Kinderfernsehen, die Mittelspannungsebene (15.000–30.000 Volt) ist ZDF-Vorabendprogramm und die Hochspannungsnetzbetreiber (110.000 Volt) sind auf ARD-Tatort-Niveau unterwegs.

Ist das ein merkwürdiger Vergleich? Mal sehen. Spannung auf der Kinoleinwand oder am Fernsehbildschirm hat mit An-Spannung zu tun. Gerade bei

Action-Thrillern stehen unsere Nerven unter Druck, wir fiebern mit den Protagonisten mit, wollen keine Sekunde verpassen. Drehbuchautoren entwerfen zwischen Anfang (also dem Problem) und Ende (also der Lösung) einen sogenannten Spannungsbogen. Und über viel Spannung kann man nicht nur viel Strom, sondern auch im Film sehr viele Informationen transportieren. Auch wenn in vielen Filmen die Information ausschließlich aus Explosionen oder Verfolgungsjagden besteht.

Beim Stromkreis ist es ähnlich wie im Kino. Elektronen fließen laut der physikalischen Stromrichtung vom Minuspol zum Pluspol. Am einen Pol drängeln sich die Elektronen – am anderen herrscht ein Mangel. Erhöht man in einem elektrischen Leiter die An-Spannung zwischen diesen beiden Polen, können wesentlich mehr Elektronen hindurchflitzen und es fließt mehr Strom. Die Elektronen werden also unter Stress gesetzt. Das macht sie ziemlich reizbar und gefährlich. Genauso wie Hannibal Lecter im »Schweigen der Lämmer«.

Was heißt das für uns im Alltag? Eine Taschenlampenbatterie mit 1,5 Volt kann man ruhig mal anlecken, weil es so schön kribbelt. Wer beim Auswechseln der Glühlampe mit 230 Volt einen gezwitschert kriegt, kommt im besten Fall mit dem Schrecken und zittrigen Knien davon. Aber bei einer Höchstspannungsleitung mit 380.000 Volt gilt: Finger sehr weit weg und niemals auf die Strommasten klettern! Anderenfalls endet es tödlich.

Unfassbar hohe Spannungen entstehen übrigens bei Gewitter. Forscher haben hier schon Werte von

1,3 Milliarden Volt gemessen. Gewitter sind also die Splatter-Movies im Stromfilmgenre.

1.4 AC/DC, Beyoncé und das IKEA-Kinderparadies

Im Jahr 1973 entdeckte die Australierin Margaret Young auf der Rückseite ihrer Nähmaschine ein unscheinbares Zeichen: AC/DC – die Abkürzung für alternating current/direct current, also Wechselstrom und Gleichstrom. Sie schlug ihren Brüdern Angus und Malcolm diesen coolen Namen für ihre neu gegründete Hardrockband vor.

Das war der Anfang einer Rocklegende. AC/DC wurde zu einer der erfolgreichsten Bands der Musikgeschichte. Nach ihrem 1975 erschienenen Debütalbum »High Voltage« (zu Deutsch: Hochspannung) ging es steil aufwärts. AC/DC verkauften bis heute über 200 Millionen Schallplatten und CDs, damit stehen sie auf Platz 5 der erfolgreichsten Musikgruppen aller Zeiten.

Aber was ist eigentlich der Unterschied zwischen AC und DC?

Das Grundprinzip bei Wechselstrom und Gleichstrom – genau genommen müsste man von Wechsel- und Gleichspannung sprechen – ist identisch: Es gibt einen Erzeuger, also zum Beispiel ein Kraftwerk, eine Leitung und am anderen Ende der Leitung Verbraucher, die den Strom aus dem System entnehmen und in eine andere Energieform umwandeln: Beim Föhn in heiße Luft, beim Backofen in leckeren Kuchen und beim Fernsehen in seichte Shows. Letzteres ist spirituell betrachtet »schlechte Energie«, aber dem Strom ist es egal, was mit ihm geschieht.

Den Gleichstrom kann man sich ziemlich gut vorstellen wie einen Fluss, auf dem ein Elektron wie ein Stück Holz von der Quelle aus Richtung Meer gemächlich dahintreibt oder bei hoher Spannung in einem Sturzbach mitgerissen wird. Beim Wechselstrom ist es schwieriger. Er wechselt, wie der Name schon sagt, ständig seine Richtung. Und zwar 50-mal pro Sekunde, also in der Frequenz 50 Hz (Hertz).

Jetzt fragt sich der Laie natürlich, wie auf diese Weise jemals etwas am Ziel ankommt. Ein Schritt vorwärts, ein Schritt zurück – das ergibt im normalen Leben Stillstand. Warum macht man es sich unnötig schwer mit einem Strom, der ständig pendelt, wenn man ihn doch auch schön gleichgerichtet durch eine Leitung schicken könnte? Und außerdem gibt es doch viele Geräte wie Laptops oder LED-Leuchten, die sowieso Gleichstrom benötigen. Warum also dieser verdammte Wechselstrom?

Um das ansatzweise zu verstehen, machen wir einen kleinen Ausflug ins Småland, ins IKEA-Kinderparadies. Ihr kennt alle die Durchsage: »Die kleine Luisa-Beyoncé wartet seit DREI Stunden auf ihre Eltern. Bitte abholen!« Dort also beobachten wir das Treiben im Bällebad. Je mehr Kinder darin herumtoben, desto mehr Bälle werden immer wieder rausgedrängt, und die Betreuerinnen bei IKEA haben alle Hände voll zu tun, sie am anderen Ende wieder reinzuwerfen.

Bei einer Wechselstromleitung ist es ähnlich, nur nicht so chaotisch. Man steckt an dem einen Ende der Leitung Elektronen rein, es herrscht ordentlich Spannung, es wird hin- und hergedrängelt und geschubst, und am anderen Ende der Leitung plumpsen andere Elektronen raus.

Dieses auf den ersten Blick ineffiziente System hat aber einige entscheidende Vorteile, weshalb die ganze Welt am etablierten Wechselstromsystem festhält. Die Generatoren in Kraftwerken und auch in Windkraftanlagen erzeugen den Strom durch Rotation in einer Magnetspule. Dadurch entsteht Wechselspannung oder auch Drehstrom genannt. Man müsste diesen Strom dann also erst in Gleichstrom (Gleichspannung) umwandeln. Und auf der anderen Seite gibt es in vielen Fabriken Elektromotoren, die diesen Wechselstrom genauso brauchen, wie er erzeugt wurde. Erzeuger und Abnehmer schwingen also auf derselben Frequenz.

Und es gibt noch weitere Vorteile. Um im IKEA-Vergleich zu bleiben: Man kann sehr viele Bällebäder miteinander koppeln und an sehr, sehr vielen Stellen Bälle rausnehmen und auch wieder hineintun. Man muss einfach nur dafür sorgen, dass immer genügend Bälle drin sind und ordentlich gedrängelt wird.

Wenn man allerdings in einem Rutsch über eine längere Distanz und ohne weitere Einspeise- und Entnahmestellen unterwegs viel Strom transportieren will, dann ist eine Gleichstromverbindung besser geeignet.

Das energiefressende Drängeln und Schubsen fällt weg – die Transportverluste sind also deutlich geringer als bei einer Wechselstromübertragung. Daher werden die großen Stromautobahnen von Norden nach Süden zum Transport von viel Strom aus Windkraftanlagen als Gleichstromkabel errichtet, ebenso die Anschlüsse von Windparks weit draußen auf dem Meer.

Über das Für und Wider von AC und DC lieferten sich gegen Ende des 19. Jahrhunderts in den USA die beiden Erfinder Thomas Alva Edison (1847 – 1931), der pro Gleichstrom war, und sein auf Wechselstrom ausgerichteter Gegenspieler George Westinghouse (1846 – 1914) einen erbitterten »Stromkrieg« um die beste Technologie. Ein schreckliches Nebenprodukt dieses Wettstreits war die Erfindung des »elektrischen Stuhls«. Er sollte unter Beweis stellen, wie gefährlich Wechselstrom sein kann. Am Ende setzte sich Westinghouse trotz dieser üblen PR-Tricks seines Gegenspielers Edison, der auch die Glühbirne erfunden hatte, mithilfe des genialen Erfinders Nikola Tesla (1856 – 1943) durch und konnte mit seinem System den amerikanischen Strommarkt erobern. Auch in Europa fiel mit Inbetriebnahme der ersten Dreiphasen-Wechselstromverbindung am 25. August 1891 zwischen Laufen und dem 175 Kilometer entfernten Frankfurt die Vorentscheidung für ein auf Wechselstrom basierendes Stromversorgungsnetz.

Einer der meistgespielten Songs der Rockband AC/DC heißt übrigens »Highway to Hell«. Frei übersetzt: »Stromautobahn in die Hölle.«

1.5 Ampere als Sättigungsbeilage

Betrachtet man Strom als ein Gericht, das aus verschiedenen Zutaten besteht, dann ist es jetzt an der Zeit für eine kulinarische Zusammenfassung.

Wir haben an dieser Stelle die wichtigsten Zutaten für ein vollwertiges Strommenü zusammen. Für **Leistung** nehmen wir einen kräftigen Hackfleischklops — oder für die Vegetarier unter uns einen Gemüse-Patty. Beides hat reichlich Kalorien, also Watt, und man kann sie wahlweise einseitig mit **Gleichstrom** oder beidseitig mit **Wechselstrom** kräftig anbraten.

Dann brauchen wir natürlich eine Soße. Sahnig-mild mit wenig Volt oder wahlweise Chili-scharf mit viel Volt. Das bringt entsprechend **Spannung** ins Gericht. Dann ist natürlich wichtig, dass es ein ausgewogenes Verhältnis zwischen Kalorienaufnahme und Kalorienverbrennung gibt. Die **Frequenz** der Nahrungsaufnahme regelt, ob man Hüftgold ansetzt oder nicht. Dafür sorgt der Ernährungsberater Heinrich Hertz.

Kein Gericht ohne nahrhafte Beikost wie Kartoffeln oder Reis. Die fehlt jetzt noch in unserem Strommenü. Wir werden diesbezüglich in der französischen Küche bei der Einheit »Ampere« fündig. Sie geht auf den Physiker und Mathematiker André-Marie Ampère (1775–1836) zurück und bezeichnet die **Stromstärke**. Diese Ampere-Beilage steht in unmittelbarer Beziehung zum Fleischklops Watt und zur Schärfe bzw. Spannung der Soße. Ampere macht unsere elektrischen Geräte einfach nur satt. Sie bekommen also genau so viel Strom, wie sie für ihren Betrieb benötigen.

Physikalisch gibt Ampere an, wie viele elektrische Teilchen durch einen bestimmten Abschnitt eines Kabels fließen. Ein Ampere sind ca. 6 Trillionen Elektronen.

Die Stromstärke Ampere ist neben der Leistung Watt und der Spannung Volt eine extrem wichtige Kenngröße. Sie ist vergleichbar mit der Wassermenge, die durch einen Schlauch oder eine Leitung fließt. Beim Wasser regelt man den Durchfluss ganz einfach über die Dicke der Leitungen und über die Ventile, also zum Beispiel über Wasserhähne. Eine Wasserleitung läuft über, wenn man zu viel Wasser hineinpressen will. Sie ist physikalisch schlicht und einfach durch ihren Durchmesser begrenzt.

Beim Strom ist das etwas komplexer. Will man zu viel Strom in eine Leitung stopfen, kann sie heiß und damit brandgefährlich werden. Daher braucht man neben der Dicke der Leitung und dem Material, aus dem sie beschaffen ist, noch weitere Stellschrauben zur Regulierung. Um mehr Strom zu transportieren, kann man die Spannung erhöhen. Will man eine Leitung vor Überlastung schützen, kann man einen elektrischen Widerstand einbauen.

Normale Stromanschlüsse zu Hause in der Wohnung erlauben eine Stromstärke von bis zu 16 Ampere bei einer Spannung von etwa 230 Volt. Wenn man gleichzeitig zu viele Haushaltsgeräte mit hoher Leistung einschaltet, verlangen diese nach mehr Strom. Das möchte ihnen das Stromnetz aber nicht geben, weil die Kabel in der Steckdose und in der Wand sonst durchschmoren würden. Daher gibt es Sicherungskästen. Diese bestehen aus elektrischen Widerständen, die nur eine bestimmte Strommenge passieren lassen. Melden sie eine Überlastung, fliegt die Sicherung raus und der Stromfluss wird abrupt unterbrochen.

Und solche Sicherungsmechanismen gibt es natürlich nicht nur zu Hause, sondern auf allen Ebenen des Stromnetzes an den entsprechenden Schaltstellen. Fliegt im großen Stil die Sicherung raus, spricht man von »Blackout« oder »Schwarzfall«. Dann geht in einer ganzen Region gar nichts mehr.

1.6 Das Ohmsche Kindheitstrauma

Es ist Zeit für ein persönliches Bekenntnis. Ich arbeite bei einem Elektrizitätsunternehmen, um ein tief sitzendes Kindheitstrauma in Verbindung mit einem Minderwertigkeitskomplex zu überwinden. Und das habe ich mir folgendermaßen eingefangen.

Mein drei Jahre älterer Bruder hatte ein präpubertäres Hobby. Er sammelte in der Nachbarschaft ausrangierte Röhrenradios aus den 1950er-/1960er-Jahren, schaffte sie in seine »Werkstatt« auf unserem Dachboden, um sie dort zu »reparieren«. Ich war sein kleiner Assistent, zehn Jahre alt, und hatte von Elektrotechnik und deren Gefahren logischerweise nur eine vage Vorstellung.

Für die Jüngeren in der Leserschaft, die noch nie im Deutschen Technikmuseum waren: Radios waren damals mikrowellengroße Geräte, die nach dem Einschalten erst einmal fünf Minuten brummten, dann knisterten und mit etwas Glück bekam man Radio AFN rein. *American Forces Network* – das war der Sender der amerikanischen Streitkräfte in Deutschland. Wir wohnten am Harz im sogenannten Zonenrandgebiet in Sichtweite zum Brocken, und da konnte man außerdem auf »Stimme der DDR« in erstaunlich guter Qualität auch »Jugendradio DT 64« hören. War auch kein schlechtes Programm.

Um die kaputten Radios zu »reparieren«, schraubte und lötete mein Bruder sie komplett auseinander, um sie danach wieder zusammenzubauen. Ich musste ihm das Werkzeug anreichen. Am wichtigsten war der Phasenprüfer, damit er keinen Stromschlag bekam. Wenn die Radios »repariert« waren, blieben immer viele kleine Einzelteile übrig. Äußerlich sahen die Radios aus wie neu, manchmal brummten sie sogar, aber Programme bekam er trotzdem nicht rein, nicht einmal aus der DDR. Mein Bruder nahm sich dann das nächste Radio zum »Reparieren« vor, und ich hatte die Aufgabe, die übrig gebliebenen Teile nach Farben getrennt in kleine Plastikboxen zu sortieren. Bei diesem Elektroschrott handelte es sich um Widerstände. So habe ich sehr früh Georg Simon Ohm (1789–1854) und dessen Bedeutung für die Elektrotechnik kennenlernen dürfen.

Sein Gesetz über den Zusammenhang zwischen Spannung (Volt), Stromstärke (Ampere) und **elektrischem Widerstand** (Ohm) ist für das Strom-Metier elementar wichtig. Das Einheitenzeichen für Ohm ist das griechische Omega und sieht aus wie ein Torbogen. Laut Ohmschen Gesetz erhöht sich die Stromstärke in einem gleichbleibenden elektrischen Leiter, indem man die Spannung erhöht. Viel Spannung = viel Strom. Oder anders gesagt: Erhöht man bei gleicher Spannung den elektrischen Widerstand, fließt weniger Strom. Man verengt quasi die Leitung.

Metalle haben einen geringen Widerstand und sind damit ideal für den Stromtransport. Unter den vielen Metallen stechen Kupfer und Aluminium hervor, daher benutzt man sie für Kabel bzw. Freileitungen. Gold wäre auch super – aber wer will und kann sich das schon leisten?

Einen sehr großen elektrischen Widerstand hat Keramik. Deshalb nutzt man dieses Material als Isolator. Würde man versuchen, Strom durch eine Tasse zu schicken, könnte man noch so viel Spannung erzeugen – es käme kein Strom durch. Der Widerstand ist zu groß. Wenn man sich einen Freileitungsmast anschaut, befinden sich oben zwischen Mast und Leiterseilen Isolatoren aus Keramik, Kunststoff oder Silikon, die wie Ziehharmonikas aussehen. Das sind in gewisser Weise auch Widerstände. Sie halten die stromführenden Leitungen auf Abstand zu den Masten und verhindern, dass der Strom »Erdung« bekommt und einen Kurzschluss auslöst. Bei Kabeln dient die Hülle als Isolator.

Die kleinen Teilchen, die ich als Junge wegsortierte, funktionierten nach einem ähnlichen Prinzip. Innen befanden sich unterschiedlich dicke Drähte, die mit Keramik ummantelt waren. Da an Widerständen Wärme entsteht, muss man nicht-brennbare Isolatoren verwenden. Die kleinen Widerstände lassen bei gleichbleibender Spannung mal mehr und mal weniger Strom durch. So kann sich bei einer anliegenden Spannung von 230 Volt der Stromfluss (Ampere) schön gleichmäßig im Radio verteilen und genau an den Stellen die Leistung erbringen, die er erbringen soll. Das ist jetzt sehr stark vereinfacht, denn Widerstände haben in elektrischen Geräten multifunktionale Aufgaben.

Jetzt noch das Happy End der Geschichte. Mein Bruder lernte später das Reparieren von Radios und Fernsehgeräten wirklich von der Pike auf und studierte auch Elektrotechnik. Heute hat er eine Beratungsfirma für Glasfasertechnik. Meine beiden Neffen jobbten nach ihrem Abitur bei ihm und brachten Technikern bei, wie man Glasfaserkabel spleißt. Das ist auf jeden Fall technisch anspruchsvoller, als Widerstände in Kästchen einzusortieren.

Neulich habe ich meinem Bruder ein Foto eines Seekabels im Querschnitt geschickt, wie es zur Anbindung des Windparks Arkona in der Ostsee eingesetzt wurde. 220.000 Volt Wechselstrom! Drei richtig fette Kupferkabel, und in einem winzigen Nebenkanal – mit dem bloßen Auge kaum zu sehen – verläuft noch ein Glasfaserstrang für optische Messungen. Als Antwort bekam ich via WhatsApp drei hochgereckte Daumen.

So überwand ich endlich mein elektrotechnisches Minderwertigkeitsgefühl.

1.7 Mega-, Giga- und Teramäßig

Manche physikalischen Größenordnungen begegnen uns ständig im Alltag. Zum Beispiel bei den skurrilen Werbeschlachten, die sich Elektronikhändler wie Saturn und Media Markt liefern. Kündigt der eine auf Plakaten »megagünstige Preise« an, zieht der andere kurz darauf mit dem »Giga-Preis-Hammer« nach. Die nächste Eskalationsstufe wären dann die »ultrakrassen Tera-Monster-Tarife«. Dieter Bohlen aus der RTL-Castingshow DSDS darf für sich verbuchen, diese infantilen Begriffe salonfähig gemacht zu haben.

Hier werden also Maßeinheiten aus der Physik popularisiert, um bestimmte Steigerungen auszudrücken. Und da diese Begriffe zur Energie dazugehören wie die Milch im Kaffee, will ich sie hier kurz am Beispiel der elektrischen Leistung Watt darstellen:

Watt = W = 1

Kilowatt = kW = 1.000 Watt (Tausend)

Megawatt = MW = 1.000.000 Watt (Million)

Gigawatt = GW = 1.000.000.000 Watt (Milliarde)

Terawatt = TW = 1.000.000.000.000 Watt (Billion)

Ein Beispiel aus der Praxis. Eine handelsübliche LED-Energiespar-Glühlampe hat eine Leistungsaufnahme von 10 Watt. Die geplante Höchstspannung-Gleichstrom-Übertragungsleitung Süddostlink zwischen Wolmirstedt bei Magdeburg und Landshut in Bayern soll eine Leistung von 4 Gigawatt haben, also 4 Milliarden Watt. Damit könnte man also rund 400 Millionen LED-Glühlampen gleichzeitig zum Leuchten bringen.

Die Benutzung von Präfixen statt Zehnerpotenzen erleichtert die Lesbarkeit und wird auch bei anderen physikalischen Größen (u. a. Gewicht, Frequenz, Spannung, Stromstärke) benutzt.

2 Wer macht Strom?

2.1 Malocher im Kraftwerk

Würde man zu Hause in die Steckdose kriechen und dem Verlauf der Kabel und Leitungen folgen – man käme vermutlich am Ende der Reise bei einem Gerät namens »Generator« an. Aktuell werden über 90 % des Stroms in Deutschland in Generatoren erzeugt, der Rest in Solaranlagen über den photovoltaischen Effekt. Das ist ein vollkommen anderes Verfahren. Generatoren sind also die Malocher des Stromsystems, ihnen haben wir viel zu verdanken.

Als Erfinder oder zumindest Wegbereiter des elektrischen Generators gilt der Ingenieur Werner von Siemens (1816–1892), der Gründervater der heutigen Siemens AG. Er stellte der Öffentlichkeit auf der Pariser Weltausstellung 1867 seine sogenannte Dynamomaschine vor. Das war ein Meilenstein auf dem Weg zur Stromversorgung, wie wir sie heute kennen. Generator, Dynamo, Lichtmaschine – drei Bezeichnungen für dieselbe Technik.

Um das Prinzip eines Generators zu verstehen, nimmt man am besten eine Kurbeltaschenlampe aus dem Baumarkt. Wenn man an der Kurbel dreht, führt man mechanische Energie zu. Die Verlängerung der Kurbel im Inneren des Gehäuses ist der sogenannte Rotor, auch Läufer genannt. Er besteht aus einem Magneten. Dieser Rotor befindet sich in einem Korb aus

Spulen, dem Stator. Bei den Spulen handelt es sich um gewickelten Kupferdraht. Dreht man über die Kurbel den Magneten in der Spule, wird eine elektrische Spannung »induziert«, weil die Elektronen im Draht ständig ihre Richtung wechseln, mal Richtung Nordpol, dann Richtung Südpol. Je nachdem, in welcher Stellung der sich rotierende Magnet gerade befindet.

Diese Spannung greift man über sogenannte Schleifer an den Spulen ab. In großen Generatoren sind drei Spulen eingebaut. Statt von Hand an einer Kurbel zu drehen, übernehmen diese Aufgabe in Kraftwerken Turbinen, die zum Beispiel durch Wasser (Wasserkraftwerk) oder Wasserdampf (Gas-, Kohle-, Kernkraftwerk) angetrieben werden. Bei Windrädern wird die Kraft über die sich drehenden Flügel direkt auf den Rotor übertragen. Bei Blockheizkraftwerken (BHKW) zur Wärme- und Stromerzeugung mit Erdgas oder Biogas ist der Rotor über einen Keilriemen an die Kurbelwelle des Verbrennungsmotors angeschlossen – dasselbe Prinzip wie bei der Lichtmaschine des Autos. Man sieht schon: Je größer und leistungsfähiger der Generator und je mehr externe Energie hinzugeführt wird (Wasser, Wind, Wasserdampf), desto größer ist die Leistung der Anlage und die erzeugte Spannung.

Beim Kapitel Frequenz hatten wir bereits, dass Wechselstrom ständig die Richtung ändert. Und zwar in einer wellenförmigen Bewegung, der Sinuskurve. Man kann sich das ganz gut vorstellen. Nähert sich der Magnet dem Spulenfeld, wird Spannung bis zum Höhepunkt aufgebaut. Gleitet er daran vorbei, lässt die Spannung wieder nach. Das heißt: In den meisten

Generatoren entstehen drei Spannungskurven, die gleichmäßig versetzt verlaufen. Bei jeder Umdrehung entsteht also dreimal eine Spannung, deshalb spricht man von Drei-Phasen-Wechselstrom. Oder kurz von Drehstrom.

Wie eine schöne lange Welle beim Surfen kommen diese Stromwellen irgendwann bei uns zu Hause an. Und damit wir oder der Elektriker sie auseinanderhalten können, sind sie farblich gekennzeichnet: schwarz oder braun für eine stromführende Leitung (Phase), blau für den Neutralleiter, der den Strom ins Netz zurückführt, und grün-gelb für den Schutzleiter, der böse Stromschläge verhindern soll.

2.2 Einfach mal Sonne tanken

An der Photovoltaik scheiden sich (immer noch) die Geister. Für die einen ist sie der Inbegriff einer zukunftsgerichteten, umweltfreundlichen und preiswerten Stromerzeugung. Für die anderen hochsubventionierter und ineffizienter Elektronikschrott mit unzuverlässiger Erzeugung, mit dem sich viele Haus- und Scheunenbesitzer zulasten der Allgemeinheit eine goldene Nase verdienten.

Einige Fakten sind jedoch unbestritten: Die kommerzielle Nutzung von Photovoltaik wird immer billiger. Vor 20 Jahren, bei Inkrafttreten des Erneuerbare-Energien-Gesetzes (EEG), kostete die Herstellung einer Kilowattstunde PV-Strom noch fast 50 Cent. Inzwischen sanken die sogenannten Gestehungskosten bei Freiflächenanlagen in Deutschland auf unter fünf Cent/kWh. Und durch die Kombination mit Batteriespeichern im privaten Gebäudebereich oder in Kombination mit Wasserstoff oder anderen Speichermedien wird die Photovoltaik mehr und mehr zu einer verlässlichen und daher auch regelbaren Erzeugungsquelle für Strom.

In anderen, sonnenreicheren Gegenden dieser Welt ist man inzwischen bei Gestehungskosten von ein bis zwei Cent/kWh angelangt. Zum Vergleich: Die britische Regierung zahlt den Betreibern des neuen Kernkraftwerkes Hinkley Point im Südwesten von England eine garantierte Einspeisevergütung von knapp elf Cent/kWh. Kein Wunder also, dass PV vor allem in den Ländern der südlichen Hemisphäre boomt. Aber auch in Deutschland gehen immer mehr PV-Anlagen in Betrieb, darunter Freiflächenanlagen mit riesigen Ausmaßen.

Deutschland steht mit 54 GW installierter PV-Leistung auf Platz 4 der weltweiten Rangliste hinter China, USA und Japan. Bei uns erzeugen rund 1,7 Millionen PV-Anlagen auf Dächern und Freiflächen über 50 Milliarden Kilowattstunden Strom. Der Anteil der Photovoltaik am gesamten Stromverbrauch stieg kontinuierlich auf jetzt knapp 9 %.

Aber was ist eigentlich Photovoltaik?

Zu den vielen Urvätern gehören der Franzose Antoine Henri Becquerel (1852–1908) und auch Heinrich Hertz. Eine wichtige Rolle spielte Albert Einstein (1879–1955). Er baute 1907 seine Lichtquantenhypothese auf dem lichtelektrischen Effekt auf. Dafür bekam er den Nobelpreis in Physik.

Es dauerte aber viele Jahre von der Theorie zur Praxis. Die ersten Solarmodule kamen in den 1950er-Jahren in der Raumfahrt zum Einsatz. Um Satelliten mit Strom zu versorgen, waren sie eine günstige und leichte Alternative zu schweren Batterien. Später setzte man Solarzellen für verschiedene Anwendungen auch auf der Erde ein – von der Armbanduhr bis zum Parkscheinautomaten.

Eine Photovoltaikanlage besteht aus mehreren Komponenten. Als Module bezeichnet man das Gestell, auf dem die Solarzellen montiert und miteinander verschaltet sind. Sie bestehen aus einem Aluminiumrahmen und einer Glasschicht zum Schutz der empfindlichen Siliziumzellen.

Siliziumdioxid ist nach Sauerstoff das zweithäufigste chemische Element in der Erdkruste, es gehört zu den metallischen Halbleitern und kommt in rauen Mengen in Quarzsand vor. Theoretisch sind die Vorkommen weltweit unbegrenzt, aber Sand ist ein begehrter Rohstoff für zahlreiche industrielle Anwendungen und natürlich für die Bauindustrie.

Eine Solarzelle besteht aus dem Wafer (Oblate), einer hauchdünnen Ober- und einer Unterschicht. Der Oberschicht wird Phosphor beigemischt, der Unterschicht Bor. Treffen Photonenteilchen (Photon ist das griechische Wort für Licht) auf die Oberschicht, gehen die Elektronen zwischen den beiden Schichten auf Wanderschaft und durch die Differenz zwischen Elektronenüberschuss und -mangel entsteht eine elektrische Gleichspannung und damit ein Stromkreis.

Der Strom wird über Metallleiter auf den Ober- und Unterseiten der Solarzellen abgegriffen und zu Sammelschienen geleitet. Das Verfahren erinnert an Rinnsale im Gebirge, die erst zu einem Bach und dann zu einem Fluss anwachsen. Bevor der Strom ins Stromnetz fließen kann, muss er in Wechselstrom umgewandelt werden. Dazu sind sogenannte Wechselrichter notwendig. Das sind rucksackgroße Kästen, die zu jeder PV-Anlage zwingend dazugehören. Bei großen Freiflächenanlagen braucht man ein kleines Umspannwerk, um den Strom auf das nächsthöhere Spannungsniveau bringen zu können.

2.3 Viel Wind um den Wind

Die Idee, mithilfe von Windrädern Strom zu erzeugen, ist nicht neu. Die ersten erfolgreichen Versuche gab es bereits am Ende des 19. Jahrhunderts in Dänemark. Einzelne Tüftler machten unser nördliches Nachbarland zum Vorreiter in Sachen Windkraft.

So war es auch 1975 an der alternativen Tvind-Schule in Westjütland. Dort hatten Lehrer und Schüler eine verrückte Idee, sie bauten gemeinsam mit Freiwilligen aus dem Dorf innerhalb von drei Jahren aus Second-Hand-Bauteilen das lange Zeit größte Windrad Europas. »Tvindkraft« produziert seit dem 26. März 1978 fast ununterbrochen Strom für die Schule und die umliegende Gemeinde, rund 1.000 MWh/Jahr.

In Deutschland dagegen ging es erst viel später los. Mir persönlich sind die Anfänge der Windenergie in Deutschland noch aus den ersten Jahren meiner Berufstätigkeit vertraut. Nach meinem Abitur bekam ich bei unserer örtlichen Lokalzeitung ein Redaktionsvolontariat. Und ich durfte zusammen mit meinem ein paar Jahre älteren Ausbilder bald eine Sonderseite zum Thema »Windkraft« realisieren. Die Chefredaktion ließ uns junge »Ökospinner« gewähren – das Thema war ja ohne politische Relevanz, dachte man. Anlass für die Reportage war die feierliche Inbetriebnahme der damals größten Windenergieanlage der Welt am 4. Oktober 1983 auf dem Kaiser-Wilhelm-Koog in der Elbmündung. Der Name dieses Ungetüms: GROWIAN – große Windenergieanlage.

GROWIAN hatte eine Nabenhöhe von 100 Metern und eine elektrische Leistung von 3 MW – auf dem Papier. Das war damals Weltrekord. Entstanden war das Forschungsprojekt als eine Art Beruhigungspille für die Anti-Atomkraft-Bewegung. Die Marschrichtung war klar. Vom damaligen Forschungsminister Hans Matthöfer (SPD) ist der Satz überliefert: »Wir wissen, dass es nichts bringt. Aber wir machen es, um den Befürwortern der Windenergie zu beweisen, dass es nicht geht.«

Und – oh Wunder – es ging auch nicht. Technisch war GROWIAN ein Flop. Nach nur 420 Betriebsstunden wurde die Anlage fünf Jahre nach Inbetriebnahme wieder abgerissen. Zu den Konstruktionsfehlern gehörte unter anderem, dass GROWIAN ein Zweiflügler war, unrund lief und alle Bauteile viel zu schwer waren.

Hätte es damals nicht das Reaktorunglück von Tschernobyl sowie einige hartnäckige Unternehmer und Politiker gegeben – die Windkraft hätte sich wohl niemals von diesem Rückschlag erholt, ihr Siegeszug um die Welt wäre vielleicht ausgeblieben. Zwei Pioniere sollte man besonders erwähnen: den Dänen Peder Hansen aus Aarhus und den Ostfriesen Aloys Wobben. Sie sahen in der Windkraft die Zukunft der Energieversorgung und bewiesen mit kleinen zu Windparks gebündelten Anlagen, dass die Technik funktioniert. Hansen gründete »Vestas«, Wobben »Enercon«. Beide Unternehmen spielen noch heute in der ersten Liga der führenden Windkraftanlagenhersteller der Welt mit.

Seit diesen Kindertagen erlebte die Windenergie in vielen Ländern einen rasanten Aufschwung. Ihre installierte Leistung weltweit liegt heute bei über 700 Gigawatt. Die meisten Windräder erzeugen in China und den USA Strom, gefolgt von Deutschland und Indien. Der Anteil der Windenergie an der gesamten Stromeinspeisung lag in Deutschland im bisherigen Rekordjahr 2020 bei 26 % weit vor der Photovoltaik (9 %) und der Biomasse (6 %) und erstmals vor Braun- und Steinkohle.

Auch die einzelnen Anlagen werden immer größer und leistungsstärker. Ein Riese unter den Riesen dreht sich seit 2019 als Prototyp im Hafengebiet von Rotterdam. Die Haliade-X 12 von General Electric (GE) ist samt Rotorblättern fast so hoch wie der Eiffelturm und soll mit einer Leistung von 12 MW in Zukunft Strom für über 20.000 Haushalte liefern. Sie ist ein GROWIAN × 4 – der im Gegensatz zu seinem Urahnen sogar funktioniert.

Die politischen Wegbereiter der Windenergie in Deutschland sind in Vergessenheit geraten. In einer sozusagen ersten inoffiziellen schwarz-grün-gelben Koalition auf Bundesebene brachten der CSU-Politiker Matthias Engelsberger und der Grüne Wolfgang Daniels 1990 unter dem Wirtschaftsminister Helmut Haussmann (FDP) das Stromeinspeisungsgesetz in den Bundestag ein. Damit wurden Energieversorger erstmals gesetzlich dazu verpflichtet, Strom aus erneuerbaren Energien abzunehmen und dafür zu bezahlen. Dies war der Vorläufer des heutigen EEG.

Die Großwindkraftanlage auf dem Gelände des Internationalen Schulzentrums Tvind produziert übrigens weiterhin emsig Strom. Sie ist unverwüstlich. Im Sockel befindet sich eine kleine Ausstellung mit Fotos zur Entstehungsgeschichte und zum Bau der Anlage. Wer im Sommer zum Urlaub an die dänische Westküste fährt, kann also einen kleinen Abstecher einplanen.

Mit dem Auto von Hamburg aus Richtung Norden passiert man dann auch die Gegend, in der etwas holprig die Geschichte der Windenergie in Deutschland begann. Der Windenergiepark Westküste am Kaiser-Wilhelm-Koog ist der älteste in Deutschland. Windräder verschiedener Generationen sind hier zu sehen.

Die gesamte Landschaft ist heute von der Windenergie geprägt. Viele würden sagen: verschandelt. Über 800 Windräder mit einer Gesamtleistung von fast zwei GW drehen sich allein im Landkreis Dithmarschen, der sich zwischen Elbmündung im Süden und der Halbinsel Eiderstedt im Norden erstreckt. Nirgendwo in Deutschland müssen sich Windrad, Mensch und Schaf auf so begrenztem Raum miteinander arrangieren – statistisch teilen sich hier 0,6 Windräder, 43 Schafe und 94 Menschen einen Quadratkilometer Land.

Zum Vergleich der Bundesdurchschnitt: 0,1 Windräder, 4 Schafe, 232 Menschen pro Quadratkilometer.

3 Wie kommt Strom von A nach B?

3.1 Rechte Masche, linke Masche

Wenn der Mensch etwas von der Natur lernt, spricht man wissenschaftlich von Bionik. Die Libelle stand Pate für den Hubschrauber, die Lotusblüte für das wachsbeschichtete Tischtuch und die Kakerlake für die aufprallsichere Fahrzeugkarosserie. Große Baumeister sind die Spinnen. Ihnen hat die Welt fünf Meisterwerke bionischer Ingenieurskunst zu verdanken:
1. die Häkeldecke,
2. den Strickpulli,
3. den Maschendrahtzaun,
4. das Internet,
5. die Stromnetze.

All diese Erfindungen haben gemeinsam, dass sie aus vielen Fäden, Drähten oder Leitungen bestehen, die auf geschickte Weise miteinander verknüpft sind, sodass sie ein Höchstmaß an Festigkeit und zugleich Flexibilität aufweisen. Wie ein Spinnennetz eben. An Omas Häkeldeckchen können die Urenkel so viel herumzuppeln, wie sie wollen, es schnappt immer wieder in seine Ursprungsform zurück. Der Strickpulli ist beinahe unverwüstlich – nur die Waschmaschine mit Schleudergang mag er nicht. Der Maschendrahtzahn kracht im Gegensatz zum Jägerzaun nicht gleich zusammen, wenn der SUV ihn beim Rückwärtsfahren rammt. Er gibt geschmeidig nach und hält. Und das

Internet ist, wie jedes Kind inzwischen weiß, unkaputt-
bar.

Das Geheimnis all dieser Netze sind die Maschen
oder auch Knoten. Beim Häkeln gibt es zum Beispiel
Luft- und Kettmaschen, mit denen man bestimmte
Muster erzeugen kann. Ähnlich läuft es beim Stricken
nach dem Grundprinzip rechte Masche, linke Masche.
Und nach vergleichbaren Regeln ist auch ein Wechsel-
spannungs-Stromnetz aufgebaut. Die physikalischen
Grundlagen dafür legte der Physiker Gustav Robert
Kirchhoff (1824–1887). Seine Knoten- und Maschen-
regel besagt, dass unterwegs (theoretisch) nichts verloren geht, wenn man den Stromfluss auf mehrere Maschen (Leitungen) verteilt und an Knoten (Umspannwerken) umlenkt und bearbeitet.

Darauf aufbauend etablierten sich verschiedene
Arten von Stromnetzen. Im Niederspannungsbereich
sind Strahlennetze gebräuchlich. Vom Umspannwerk verzweigen sich die einzelnen Stromleitungen
immer mehr bis in die einzelnen Wohnungen. Brennt
es im Transformatorhäuschen am Eck, fällt nur im angeschlossenen Straßenzug der Strom aus. Das passiert häufiger mal, der Schaden ist überschaubar und
schnell behoben. Dennoch ist dies ein Nachteil von
Strahlennetzen.

Auf der Mittelspannungsebene sind Ringnetze üb-
lich. Hier fließt der Strom im Kreis und verbindet die
Übergabestationen miteinander, wie bei der Berliner
S-Ringbahn. Werden versehentlich die Hauptschlag-
adern in beide Richtungen durchbohrt, wie 2019 im
Berliner Bezirk Köpenick geschehen, hat man einen

kolossalen Blackout. Der dauerte dort 30 Stunden, bis die Stromkabel wieder notdürftig geflickt waren.

Solche Ausfälle sind bei einem Höchstspannungsnetz beinahe ausgeschlossen. Es sei denn, ein Orkan fegt in einem ganzen Landstrich die Strommasten um. Aufgrund ihrer Sicherheitsarchitektur spricht man daher von vollvermaschten Netzen. Das europäische Stromverbundnetz ist strukturiert wie ein riesengroßes Spinnennetz. In der Mitte, wo die meisten Menschen leben und die meisten Industrieunternehmen angesiedelt sind, also in Deutschland und seinen Nachbarstaaten, ist es besonders eng verflochten, in der Peripherie Richtung Ost- und Südosteuropa etwas loser gestrickt.

In einem vollvermaschten Stromnetz ist jedes Umspannwerk mit mindestens zwei anderen Umspannwerken verbunden. Im Falle einer Leitungsunterbrechung kann der Strom also ausweichen. Es ist die hohe Kunst der Netzplanung, ein solches über Jahrzehnte gewachsene Netz an die sich ändernden Erzeugungs- und Verbrauchsstrukturen anzupassen und dabei so effizient wie möglich vorzugehen. Denn leider hat so ein Netz auch Nachteile: Es ist sehr aufwendig und benötigt zum Betrieb selbst viel Strom. Leute, die so ein Netz weiterentwickeln, sind echte Profis. Sie müssen die ganze Palette der Elektrotechnik beherrschen. Netzplaner aus Deutschland und Europa tauschen sich regelmäßig fachlich aus und erstellen Zehnjahrespläne zur Weiterentwicklung der Übertragungsnetze. Im Zuge der Energiewende wird in Deutschland der Netzentwicklungsplan Strom alle fünf Jahre angepasst. Diese Pläne fließen dann in die nationale Gesetzgebung ein.

Für solche Netzstrukturen mit doppeltem Boden gilt die sogenannte (n−1)-Regel. Gesprochen: n minus 1. Sie besagt, dass bei einem Ausfall eines Betriebsmittels die restlichen Betriebsmittel in der Lage sein müssen, das System unter Höchstlast weiterzufahren. Wenn also eine Leitung wegen Wartungsarbeiten unterbrochen ist, übernimmt eine andere Leitung deren Funktion. Und diese (n−1)-Regel gilt nicht nur für komplette Leitungen, sondern auch für die einzelnen Drehstromsysteme auf einer Freileitung sowie für Transformatoren oder Leistungsschalter in den Umspannwerken.

3.2 Der neue Smog

Für elektrische und magnetische Felder hat sich inzwischen der negative Begriff »Elektrosmog« eingebürgert. Physikalisch gesehen ist das Unsinn, klingt aber anschaulich und bedrohlich. »Smog« war auch in Europa früher ein großes Thema, als viele Städte unter einer Dunstglocke aus Auto-, Heizungs- und Industrieabgasen (»Smoke«) in Verbindung mit nebligen Inversionswetterlagen (»Fog«) litten. Bei einer Smog-Katastrophe in London kamen zwischen dem 5. und 9. Dezember 1952 mehrere Tausend Menschen ums Leben, die Sichtweite betrug nur 30 cm, man konnte teilweise innerhalb der Gebäude seine eigenen Füße nicht mehr sehen.

Als die Luft sauberer wurde und anstelle von Schornsteinen Mobilfunkmasten in die Höhe wuchsen, wurde ab Mitte der 1990er-Jahre eine andere Bedrohungslage erkannt – die »elektromagnetische Verstrahlung«. Seither wird heftig darüber gestritten, ab welchen Dosen es gesundheitliche Beeinträchtigungen für Menschen durch elektrische Geräte, Leitungen oder Funkwellen gibt. Dabei gibt es ein bemerkenswertes Phänomen: Das eigene Smartphone wird als ein vollkommen harmloses Gerät empfunden, selbst wenn es 24/7 eng am eigenen Körper getragen wird. Der Mobilfunkmast in einem Kilometer Entfernung dagegen ist im schlimmsten Fall eine böse Strahlenkanone, vor der man die Bevölkerung schützen muss. Ähnlich Übles geht natürlich auch von Freileitungen aus, die Strom transportieren. Interessant ist auch, dass es häufig einen engen Zusammenhang zwischen Bürgerprotest und sozialem Status gibt. Oder anders gesagt: Je größer die Villen, desto schriller der Alarmismus.

Technisch gesehen muss man zwei Phänomene unterscheiden: elektrische und magnetische Felder.

Elektrische Felder treten immer dann auf, wenn in einem Gerät eine elektrische Spannung anliegt. Sie entstehen im Raum zwischen zwei entgegengesetzten Polen, indem sich die Elektronen zwischen Plus und Minus ausrichten. Zwischen den Polen sind die Kräfte am stärksten, sie schwächen sich ab, je weiter sie von ihnen entfernt sind.

Elektrische Felder kann man relativ gut abschirmen, zum Beispiel durch eine Ummantelung oder durch das Erdreich. Rund 90 % aller Stromleitungen in Deutschland verlaufen unterirdisch. Sie verursachen praktisch keine elektrischen Felder. Das gilt auch für Höchstspannungsgleichstromkabel. Freileitungen dagegen verursachen ein elektrisches Feld. Es ist am Boden dort am stärksten, wo die Leiterseile zwischen zwei Masten tief durchhängen.

Magnetische Felder treten auf, wenn in elektrischen Geräten zusätzlich auch noch Strom fließt, man sie also einschaltet. Das magnetische Feld muss man sich wie eine unsichtbare Haut um den Stromleiter herum vorstellen. Die sogenannte magnetische Flussdichte (Einheit: Tesla) nimmt sehr stark ab, je weiter die Quelle entfernt ist. Bei einem Föhn zum Beispiel beträgt die magnetische Flussdichte in 3 cm Entfernung bis zu 2.000 Mikrotesla (μT), in 30 cm Entfernung nur noch 7 Mikrotesla. Sie verliert also nicht linear, sondern exponentiell an Kraft.

Im Gegensatz zu elektrischen Feldern kennt der Magnetismus praktisch keine Barrieren. Ein Kompass richtet sich immer nach Norden aus – egal, wo man sich befindet. Daher durchdringen magnetische Felder auch Mauern, Metall und Erdreich.

Da Menschen aus Molekülen bestehen, können elektrische und magnetische Felder auch auf den Körper Auswirkungen haben. Allerdings nicht zu verwechseln mit Röntgenstrahlung oder radioaktiver Strahlung. Elektromagnetische Felder gehören physikalisch zur »nicht ionisierenden Strahlung«. Dieser Typus hat zu wenig Energie, um aus der Atomhülle Elektronen herauszuschlagen und somit Veränderungen des Genmaterials und damit Krankheiten wie Krebs auszulösen.

Wissenschaftler und Mediziner in aller Welt forschen daran, welche Auswirkungen zum Beispiel Stromleitungen auf Menschen und andere Lebewesen haben, und sie beraten sich bei der Festsetzung von Grenzwerten. In Deutschland betragen diese für elektrische Felder 5 kV/m (Kilovolt pro Meter) und für die magnetische Flussdichte 100 µt (Mikrotesla). Diese und andere Grenzwerte sind in der Bundesimmissionsschutzverordnung festgeschrieben und somit natürlich auch für Netzbetreiber für alle Leitungen und Umspannwerke bindend. In Deutschland ist das Wissen dazu im Kompetenzzentrum Elektromagnetische Felder des Bundesamtes für Strahlenschutz gebündelt.

3.3 Strommasten zum Mitraten

Strommasten sind so landschaftsprägend wie kaum ein anderes Bauwerk. Ich glaube, niemand weiß ganz genau, wie viele solcher Masten in Deutschland herumstehen, mehr als 150.000 sind es auf jeden Fall und damit ein Vielfaches mehr als Kirchtürme. Da liegt es doch nahe, sich auf langen Autofahrten einmal näher mit diesen Aschenputteln der Architekturgeschichte zu beschäftigen.

Zur Auflockerung an dieser Stelle also ein kleines Quiz mit zehn kniffligen Strommast-Fragen zum gemeinsamen Raten.

1) Wie nennt man die stromführenden Leitungen zwischen den Masten?
a) Seilleiter
b) Leitungsseil
c) Leiterseil
d) Seilleitung

2) Welcher Masttyp ist häufig zu sehen?
a) Donaumast
b) Elbemast
c) Spreemast
d) Saalemast

3) Wie heißen die Arme von Strommasten?
a) Travestiten
b) Traversen
c) Traversalen
d) Transistoren

4) Um die stromführenden Leitungen auf Abstand zum Mast zu halten, braucht man ...
a) Isostare
b) Isotope
c) Isomatten
d) Isolatoren

5) Was dient bei einer Freileitung als Blitzableiter?
a) Erdleiter
b) Himmelsleiter
c) Feuerleiter
d) Heimleiter

6) Wer außer Stromnetzbetreibern hat eigene Freileitungen?
a) Rundfunksender
b) Bahn
c) Bundeswehr
d) Polizei

7) Wie heißen Strommasten, an denen die Leitungen
   ihre Plätze tauschen?
a) Wechselmast
b) Vertauschmast
c) Verdrillmast
d) Sprungmast

8) Wie nennt man einen Mast mit drei konisch ange-
   ordneten Traversen übereinander?
a) Kiefernmast
b) Buchenmast
c) Eichenmast
d) Tannenbaummast

9) An welchem Fluss stehen die mit 227 Meter höchs-
   ten Freileitungsmasten in Europa?
a) An der Elbe
b) An der Themse
c) Am Rhein
d) Am Po

10)Was ist das vorherrschende Konstruktionsprinzip
   für Freileitungsmasten?
 a) Strebenmast

b) Gittermast
c) Profilmast
d) Steckmast

Auflösung: 1c/2a/3b/4d/5a/6b/7c/8d/9a/10b.

3.4 Hightech im Mantel

Es gibt Kabel und es gibt Kabel. Ein Höchstspannungs-kabel hat mit dem Kabel zu Hause in der Steckdose so viel gemeinsam wie ein Playmobil-Auto mit einem Porsche Carrera 911. Es ist nicht einfach nur dicker. Es ist seeeeeehr viel anders.

Der Kern eines solchen Kabels besteht aus ganzen Bündeln von Kupferdrähten. Aber das wirklich Besondere an einem solchen Turbokabel ist die Ummantelung, auch Isolierung genannt. Wenn die Elektronen durchs Kabel rasen, darf sich ihnen kein einziges Fitzelchen in den Weg stellen. Es muss wirklich flutschen. Der kleinste Widerstand würde sofort zum Stau, zu extrem hohen elektrischen Feldstärken, zu Überhitzung und damit im Extremfall zum Kabeldurchschlag führen. Oder anders ausgedrückt: zur Explosion.

Um so etwas zu vermeiden, kam der britische Elektroingenieur Sebastian Ziani de Ferranti (1864–1930) auf die Idee, bei solchen Höchstspannungskabeln kunstvoll gefaltetes und mit Mineralöl durchtränktes Papier als Isolator zu verwenden. Dadurch werden kleinste Unebenheiten ausgeglichen. Aber in einem

Ölkabel muss ein konstanter Druck herrschen, was die Sache aufwendig und wartungsabhängig macht. Und umweltfreundlich ist es auch nicht, wenn das Kabel einmal undicht wird. Dann läuft die ganze Ölsoße ins Erdreich – oder bei einem Seekabel ins Meer.

Bei modernen neuen Erdkabeln besteht die Isolatorschicht dagegen aus einer speziellen Kunststoffmischung, dem sogenannten vernetzten Polyethylen (VPE). Diese Super-Kunststoffe werden unter Reinraumbedingungen hergestellt, damit keine fremden Stoffe hineingeraten. Sie zeichnen sich unter anderem durch ihre thermodynamische Beständigkeit aus. Ob warm oder kalt, niemals verändern sie gravierend ihre isolierenden Eigenschaften.

3.5 Ausflug zum Umspannwerk

Kindern komplexe Technik zu erklären, ist nicht einfach. Umso schwieriger ist es, wenn diese Technik mit dem Arbeitsplatz der Eltern in Verbindung steht. Je größer die Kinder, desto größer das Risiko, etwas pädagogisch vollkommen falsch zu machen. Hier zwei Beispiele für eine nicht gelungene und eine gelungene »Familienpädagogik«.

So ist es FALSCH:

Musterfamilie 50Hertz auf Familienausflug mit dem Fahrrad. Sie kommt an einem Werksgelände vorbei, das von einem hohen Zaun umgeben ist. Auf Höhe der Toreinfahrt stoppt das Kind plötzlich.

Kind: »Schau, Papa. Das Schild. 50Hertz. Das ist doch deine Firma?!«

Mutter: »Dein Vater hat Wochenende, lass ihn damit mal in Ruhe.«

Kind: »Oh, manno. Was ist denn das für eine Fabrik?«

Vater: »Das ist ein Umspannwerk.«

Kind: »Und was wird da um-ge-spannt? Pferde etwa?«

Vater: »Nee. Strom. Von 220 und 380 kV auf 110 kV.«

Kind: »Häh?«

Mutter: »Das musst du noch nicht verstehen. Das ist Stoff für die Sekundarstufe 1, und jetzt fahren wir mal weiter und du achtest auf die Straße.«

Kind: »Du weißt wohl selbst nicht, was in einem Umspannwerk passiert, Papa?«

Vater: »Na klar. Ich arbeite ja da. Es wird Strom von einer Netzebene in die andere transformiert.«

Kind: »Und was heißt das jetzt?«

Vater: »Frag doch Onkel Ulli. Der arbeitet in dem Bereich, ich bin nur für die Leitungen zuständig. Und jetzt trödel nicht so rum, ich will pünktlich zum Abendbrot zu Hause sein.«

Und so ist es RICHTIG:

Musterfamilie 50Hertz auf Familienausflug mit dem Fahrrad. Sie kommt an einem Werksgelände vorbei, das von einem hohen Zaun umgeben ist. Auf Höhe der Toreinfahrt stoppt das Kind plötzlich.

Kind: »Schau, Mama. Das Schild. 50Hertz. Das ist doch deine Firma.«

Mutter: »Stimmt. Das ist ein Umspannwerk von uns. Hier wird Strom mit sehr hoher Spannung in Strom mit weniger Spannung umgewandelt.«

Kind: »Hm. Das verstehe ich nicht.«

Mutter: »Das ist wie im Straßenverkehr. Umspann-werke sind so eine Art Kreuzung. Autobahnen kreuzen sich mit Bundesstraßen. Bundesstraßen mit Landstraßen. Landstraßen mit Nebenstraßen. Je kleiner die Straßen, desto weniger Verkehr gibt es und desto langsamer sind die Autos. Der Unterschied ist nur, dass man bei Stromnetzen statt Kreuzungen solche Anlagen benötigt. Es gibt in Deutschland über 500.000 solcher Umspannwerke, in fast jeder Straße sieht man sie. Das sind so kleine Häuschen, in denen es summt.«

Kind: »Und was passiert in so einem Umspannwerk?«

Mutter: »Man macht den Strom so klein oder so groß, dass er auf die jeweils nächstgrößere oder nächst-kleinere Straße passt. Das nennt sich Umspannen von einer Spannungsebene auf die nächste. Und dafür braucht man Transformatoren.«

Vater: »Du hast so einen Mini-Trafo auch in deinem Smartphone. Aus der Steckdose kommt der Strom mit 230 Volt. Dein Handy verträgt aber nur 5 Volt. Die Spannung muss also reduziert werden, damit das Handy nicht kaputtgeht und innen alles schmilzt.«

Kind: »Puh. Zum Glück ...«

Mutter: »Das Gleiche machen wir hier auch in diesem Umspannwerk. Aber statt von 5 auf 220 Volt, spannen wir von 110.000 auf 220.000 oder 380.000 Volt um. Deshalb ist alles so riesig und deshalb sind die Leitungen so weit auseinander, damit keine Funken überspringen.«

Vater: »Erzähl weiter. Das ist sehr interessant.«

Mutter: »Ja gerne, wenn es euch interessiert. Das Herzstück sind diese großen Metallkästen dort. Die wie Container aussehen ...«

Kind: »Die so brummen?«

Mutter: »Genau. Das sind die Transformatoren. Ihr müsst euch das so vorstellen. Der Strom mit hoher Spannung kommt auf einer eng gewickelten Spule an, die um einen Eisenkern gewickelt ist. Und er wird auf die andere Spule, die weniger eng und oft umwickelt ist, übertragen. Deshalb kann diese Spule weniger Spannung aufnehmen ...«

Kind: »Was ist eine Spule?«

Vater: »Ich stelle mir das wie eine Rolle Zwirn zum Nähen vor ...«

Mutter: »Genau. Nur eben aus Metalldraht, zum Beispiel aus Kupfer.«

Kind: »Verstehe ich nicht. Wie kommt denn der Strom von der einen auf die andere Spule?«

Mutter: »Wenn Wechselstrom fließt, wird ein magnetisches Feld erzeugt. Dieses Feld überträgt den Strom über den Eisenkern auf die andere Spule, man sagt auch »Induktion«.«

Kind: »Puh. Ganz schön kompliziert.«

Vater: »Es ist wie Telepathie. Nur eben nicht mit Gedanken, sondern mit Strom.«

Mutter (lacht): »Fast. Durch die magnetische Induktion wird die zweite Spule zu einem eigenen Stromfluss angeregt. Und mit der Größe und Wicklung der Spulen kann man die Spannung steuern. Auf diese Weise kann man Strom von einer Spannungsebene auf die nächste transformieren, immer schön in Etappen.«

Kind: »Und in diesen Containern sind nur die Spulen drin?«

Mutter: »Nein. Nicht nur. Man muss die Spulen und Leitungen natürlich elektrisch isolieren. Und weil Stromleitungen auch Wärme erzeugen, muss man den Trafo stark kühlen. Deshalb ist in dem Transformator auch Isoliermaterial aus Zellulose drin, also Papier, und ganz viel Öl.«

Kind: »Ist der dann schwer?«

Mutter: »Oh ja, weit über 300 Tonnen. Deshalb ist ein Schwertransport mit der Bahn oder einem speziellen Lkw notwendig, um ihn hierherzubringen. Das ist immer ein riesiges Spektakel, wenn ein Transformator im Schneckentempo transportiert wird.«

Kind: »Und wozu sind diese ganzen komischen Gestelle gut, die da überall rumstehen?«

Mutter: »Die nennt man Sammelschienen. Daran sind die ankommenden und abgehenden Stromleitungen angeschlossen, um den Stromfluss zu verteilen. Das ist so ähnlich wie bei einem Autobahnkreuz oder einer Ampelanlage. So ein Umspannwerk ist auch ein riesiger Schalter. Hier werden Leitungen an- und abgeschaltet. Zum Beispiel, wenn sie gewartet oder repariert werden müssen. Das kann auch unser Control Center aus der Ferne machen, unsere Leitwarte. Deshalb muss hier vor Ort auch niemand rund um die Uhr arbeiten und das Umspannwerk steuern.«

Kind: »Und die vielen Stäbe da?«

Mutter: »Das sind die Blitzableiter. Man muss die ganze Anlage ja vor ganz hohen Spannungseinschlägen schützen, damit sie nicht kaputtgeht.«

Kind: »Und wenn mal eine Leitung oder so nicht funktioniert? Geht dann das Licht aus zu Hause?«

Mutter: »Nein. Hier ist alles doppelt. Zur Sicherheit. Das nennt sich (n−1)-Struktur. Deshalb gibt es auch zwei Transformatoren von zwei verschiedenen Herstellern. Fällt der eine aus, springt der andere ein.«

Vater: »Das ist wirklich sehr, sehr interessant.«

Kind: »Ja, Mami. Das hast du ganz toll gemacht.«

Mutter: »Nächste Woche kommen wir wieder. Dann erkläre ich euch, was ein Konverter ist.«

Kind: »Au fein. Da freue ich mich drauf.«

Vater: »Ich auch. Schatz, wir sind stolz auf dich.«

Nun liebe Eltern. Jetzt gerne nachmachen und schon mal die nächste Radtour planen.

3.6 Konvertiten und Konverter

Manche Vergleiche, um eine technische Einrichtung zu erklären, sind gewagt. Was hat zum Beispiel Religion mit Strom zu tun?

Menschen, die einen Glauben ablegen und einen neuen annehmen, heißen Konvertiten. Sie wechseln also den Zustand ihrer geistig-spirituellen Ausrichtung. Am einfachsten ist es, in den Buddhismus zu wechseln. Es reicht, sich zu Hause einen kleinen Altar mit Figur, Blumen und Räucherstäbchen einzurichten, täglich zu meditieren und »Om« zu sagen – Schwupps – Buddhist. Die Hürden zum Islam sind ebenfalls niedrig. Er erfordert lediglich ein Bekenntnis zu Allah vor zwei

Zeugen. Beim Protestantismus geht es praktisch zu. Man kann bei einer Hotline anrufen und zur Not eine Schnelltaufe nachholen. Katholisch werden ist schon schwieriger – da heißt es vorsprechen beim Pfarrer und der holt sein Okay beim Bischof ein. Am längsten dauert es, zum Judentum zu konvertieren. Man muss an einem langen Intensivkurs teilnehmen und wird von einem Rabbi auf Herz und Nieren geprüft. Bei einem Test kann man sogar durchfallen.

Beim Strom gibt es für das in diesem Fall nicht göttliche, sondern elektrotechnische Zwischenreich zwischen zwei Spannungszuständen eine eigene Anlage: den Konverter. So etwas gibt es in Glaubensfragen nicht. Je nach Spannungsebene ist der Prozess der Umwandlung beim Strom allerdings ähnlich gestaffelt und komplex wie bei der religiösen Konversion.

Um diesen Vorgang zu verstehen, machen Sie bitte eine kleine Exkursion Richtung Steckdose, falls Sie demnächst mal wieder an Ihrem Laptop sitzen. Ertasten Sie das Kabel und verfolgen Sie es, bis Sie an einen kleinen schwarzen Kasten angekommen sind. Das ist das Netzteil. Man könnte auch sagen, ein Umspannwerk in Kleinformat. Das Netzteil hat mehrere Funktionen. Erstens, den 230-Volt-Hausstrom so für den Laptop aufzubereiten und zu reduzieren, dass er damit nicht überfordert ist. Dazu wird die Spannung in einem kleinen Transformator auf 19 Volt reduziert. Zweitens hat das Netzteil die Aufgabe, den Wechselstrom aus der Steckdose in einen stabilen und geglätteten Gleichstrom umzuwandeln. Er ist also auch ein sogenannter Gleichrichter.

Für diesen Prozess benötigt man einige typische Bauteile, die jeder vom Namen her kennt und die im Netzteil auf einer Platte angeordnet sind: Transistoren fungieren als Ampelanlagen, mit denen man mittels Spannung den Stromfluss in Geräten regeln kann. Dioden sind die Einbahnstraßen unter den Halbleiterbauelementen. Der Strom kann nur in eine Richtung fließen. Und Kondensatoren funktionieren wie Parkplätze mit Parkscheinautomat. Sie können Strom kurzzeitig speichern.

Wenn das Netzteil viel Strom konvertieren muss, zum Beispiel, weil jemand gerade sehr viel am Laptop arbeitet, wird es warm. Es ist also keine gute Idee, Computer und Netzteil mit ins Bett zu nehmen, um es beiden schön kuschelig zu machen. Das kann zum Hitzestau führen und zum Defekt. Normalerweise reicht Umgebungsluft aus, das Netzteil ausreichend zu kühlen.

Das Zusammenspiel der Bauteile im Netzteil führt dazu, dass eine ankommende schön hin und her schwingende Wechselspannung in eine glatte und sehr stabile Gleichspannung umgewandelt wird. Der Strom konvertiert also, nicht vom Katholizismus zum Protestantismus, sondern von Wechsel- auf Gleichspannung.

Bei PV-Anlagen passiert genau das Gegenteil. Sogenannte Wechselrichter konvertieren die Gleichspannung aus den Solarzellen in Wechselspannung fürs Stromnetz. Beim umgekehrten Vorgang spricht man auch von Gleichrichtern. Viele Begriffe also – Netzteil, Gleich-/Wechselrichter, Konverter – für den gleichen Vorgang.

In einer Konverterstation läuft prinzipiell der gleiche Prozess ab wie im Netzteil oder Gleich-/Wechselrichter – nur eben im Format XXXXXXXXL. Es ist also das ganz große spirituell-elektrotechnische Programm, das hier abgefahren wird.

Der ankommende Strom wird zunächst im Transformator auf eine niedrigere Spannungsebene reduziert. Dann rauscht er mit Highspeed in die Konverterhalle. Dort sind die Halbleiterbauelemente (sie heißen hier Thyristoren) in Reihe auf hängenden Türmen angeordnet. Wegen der hohen Spannung muss ausreichend Abstand zu Wänden und Dächern und zwischen den Leitungen vorhanden sein. Und da die Umwandlung nur unter konstanten Temperaturbedingungen funktioniert, ist eine aufwendige Heiz- und Kühleinrichtung erforderlich. Die Halle muss innen nahezu staubfrei sein, damit die empfindlichen Bauteile geschützt sind und nicht ständig etwas verbrutzelt. Der Zugang im laufenden Betrieb ist wegen der elektrischen und magnetischen Felder eingeschränkt, auch müssen die elektronischen Steuerungselemente der Anlage abgeschirmt werden.

Wenn der Strom auf Gleich- oder Wechselspannung gewandelt wurde, muss er erneut auf das entsprechende Spannungsniveau angehoben werden. Deshalb gibt es am Ausgang der Konverterhalle erneut einen Trafo, der dann auf 220 kV, 380 kV oder gar mehr Spannung hochtransformiert.

Auch optisch haben Konverterhallen etwas Spirituelles an sich. Sie erinnern mit ihren hängenden glitzernden Türmen und ihrer Kargheit an Kathedralen. Kathedralen der Elektrotechnik.

3.7 NICHTS

Über das NICHTS kann man lange philosophieren. Manche tun das jahrelang und dann wundern sie sich irgendwann, wenn ihnen NICHTS mehr bleibt vom Leben. Deshalb sollte man es damit nicht übertreiben.

Ein schöner Ort, um mal ein paar Minütchen über das NICHTS nachzudenken, ist unter einer Freileitung. Da fragt man sich: Was befindet sich eigentlich zwischen den Leitungen? Warum sind die Abstände so groß? Könnte man die ganzen Apparaturen nicht kleiner bauen, damit sie sich besser ins Landschaftsbild einfügen?

In diesen Momenten wünscht man sich einen Zauberstaub. Man würde ihn in das NICHTS zwischen den Freileitern werfen und dann würde in bunten Farben visualisiert, wie die elektrischen und magnetischen Felder verlaufen und woraus das NICHTS sonst noch so besteht. Leider gibt es diese Substanz nicht, deshalb müssen wir sie vor unserem geistigen Auge zerstäuben.

Das NICHTS zwischen den Leitungen ist Luft. Und Luft ist keinesfalls NICHTS, sonst wäre es ein Vakuum oder das Weltall. Luft besteht aus zahlreichen chemischen Verbindungen. Sauerstoff macht nur ein Fünftel der Bestandteile aus, der Großteil ist Stickstoff. Der spärliche Rest setzt sich aus Kohlendioxid, Schwefel, Wasserdampf, Staub und einigen Edelgasen zusammen.

Dieses Gemisch ist ziemlich stabil. Alle Elektronen sind fest an ihren Atomkern gebunden, es können also keine Elektronen zwischen Plus- und Minuspolen hin- und herflitzen. Trockene Luft wird daher als Nichtleiter bezeichnet. Sie ist elektrotechnisch also NICHTS. Und das ist natürlich super, anderenfalls könnte man überhaupt keine elektrischen Geräte betreiben, ohne dass es ständig zum Kurzschluss kommen würde.

Wenn Luft also keinen Strom leitet, warum muss man dann die Abstände zwischen Leiterseilen so groß machen? Die Antwort lautet: wegen der Ionisierung. Blitze sind ein typisches Beispiel für die Ionisierung der Luft. Aber auch die starken elektrischen Felder einer Hoch- oder Höchstspannungsleitung können aus den stabilen Molekülverbindungen einzelne Elektronen herauskicken, sodass die Luft plötzlich doch leitfähig wird, sobald ein leitendes Material zu tief in das NICHTS eindringt und dem Leitersaal zu nahe kommt. Ein Mensch zum Beispiel ist physikalisch kein NICHTS, selbst wenn er sich manchmal so fühlt.

Das Prinzip Ionisierung ist häufig auf Spielplätzen zu beobachten. Zwei Kleinkinder buddeln gedankenverloren vor sich hin, bis sich ihre Sandburgen ins Gehege kommen. Spannungen bauen sich auf, Tränen fließen, Eltern mischen sich ein. Es ionisiert also mächtig. Und dann haut plötzlich eines der Kinder dem anderen mit der Plastikschaufel auf den Kopf. Das nennt man je nach Elternperspektive »Aggression« oder »Provokation«. Elektrotechnisch ist die Schuldfrage vollkommen unwichtig, es gab halt einen »Spannungsdurchschlag« oder »Überschlag«. Die Folgen eines solchen Überschlags können in jedem Fall gravierend sein, manchmal sind Familien nach einer solchen Entladung dauerhaft zerstritten.

Es gibt aber eine Möglichkeit, das NICHTS zu überlisten, stromführende Leitungen kompakter zu bauen und trotzdem Überschläge zu verhindern. Das ist dann erforderlich, wenn trotz hoher Spannung nur wenig Platz zur Verfügung steht. Zum Beispiel in einem innerstädtischen Umspannwerk oder auf einer Offshore-Transformatorstation auf dem Meer. Dort verwendet man in gasisolierten Schaltanlagen eine chemische Verbindung, die zwar nicht ganz NICHTS ist, aber doch mehr NICHTS als Luft: Schwefelhexafluorid. Als Summenformel so geschrieben: SF_6.

Dieses geruchlose, ungiftige und nicht brennbare Gas hat gegenüber Luft einen großen Vorteil. Seine elektrische Durchschlagsfestigkeit ist bereits bei normalem Außendruck dreimal höher. Erhöht man den Außendruck, nimmt sie noch weiter zu. Man kann also elektrische Leitungen und die dazugehörigen Schalter enger bauen, ohne dass es zu Kurzschlüssen bzw. Spannungsüberschlägen kommt.

Schwefelhexafluorid hat jedoch einen gravierenden Nachteil. Es ist das am stärksten wirkende Treibhausgas, das die Menschheit kennt. 23.000-mal schädlicher als Kohlendioxid. Ehe es in der Atmosphäre abgebaut wird, vergehen rund 3.200 Jahre. Daher sind weltweit nur relativ geringe Mengen in Umlauf und es wird peinlichst genau darauf geachtet, dass zum Beispiel aus gasisolierten Schaltanlagen kein SF_6 in die Umwelt gelangt. Es befindet sich in einem geschlossenen Kreislauf. Dennoch ist ein gewisser

Schwund zum Beispiel an Dichtungen nicht zu vermeiden. Inzwischen machen Umweltverbände vermehrt Druck, dieses Gas durch andere Gase oder Technologien zu ersetzen. Das ist leichter gesagt als getan: Bei Spannungen bis 110 kV gibt es bereits Ersatztechnologien, die mehr und mehr zum Einsatz kommen. Aber für höhere Spannungsebenen bietet die Forschung bisher noch keine erprobten Alternativen an.

3.8 Nähen, flicken, kaufen

In der Welt der Stromnetzbetreiber wimmelt es nur so vor Abkürzungen. Ein wichtiges Kürzel ist NOVA. Es bedeutet, dass Engpässe in der Stromübertragung auf möglichst effiziente Weise in dieser Reihenfolge beseitigt werden: **N**etz**O**ptimierung vor Netz**V**erstärkung vor Netz**A**usbau.

Ich selbst bin mit diesem Prinzip gewissermaßen aufgewachsen. Wenn ich als Kind vom Bolzplatz mit aufgerissenen Stellen an der Hose oder am Pullover zurückkam, trat das Prinzip O = Optimierung in Kraft. Anstatt bei Karstadt neue Sachen zu kaufen, nahm meine Mutter Nadel und Faden zur Hand und stopfte die kaputten Stellen mit wenigen Stichen. Das sah dann einigermaßen okay aus. Wurde diese Optimierungsmaßnahme jedoch an meine wegen eines grauen Stars fast blinde Oma delegiert, erinnerten die Hosenbeine danach an die Narben im Gesicht des Unholds aus dem Kinofilm »Frankenstein«. Optimierung ist also nicht immer die beste Lösung.

Bei stark aufgerissenen Hosenbeinen gingen wir zu meinem Verdruss leider immer noch nicht zu Karstadt, sondern es folgte das Prinzip V = Verstärkung. Hosen oder Pullover bekamen im Bereich der Knie oder Ellenbogen große Flicken aus Leder – in jüngeren Jahren gerne in Form roter Herzen – appliziert. Das Prinzip V wurde auch im Fall ganz gewöhnlichen Wachstums angewendet; meine Hosen bekamen sozusagen Jahresringe. Es handelte sich dabei um bunte Bordüren, wie sie die Hippies Ende der 1960er-Jahre trugen. Ich war aber kein Hippie!!!

Erst wenn O und V vollständig ausgereizt waren, griff das Prinzip A = Ausbau. Endlich gingen wir zu Karstadt – oder noch besser zu Benetton – und kauften neue Hosen oder Sweatshirts.

Bei Stromleitungen funktioniert das ganz ähnlich. Bevor man mit großem Brimborium für viel Geld und in einem gefühlt endlosen Genehmigungsverfahren eine ganz neue Stromleitung plant und baut, wird im übertragenen Sinne erst einmal zu Nadel und Faden gegriffen. Man schaut sich also die bestehenden Leitungen und die Systemprozesse an und sucht nach Möglichkeiten, diese so gut es geht, weiterzunutzen, und trotzdem mehr Strom übertragen zu können. Eine Möglichkeit ist der sogenannte witterungsabhängige Freileitungsbetrieb (WAFB). Die Stromtragfähigkeit von bestehenden Leitungen ist für eine Außentemperatur von 35 Grad Celsius und eine Windgeschwindigkeit von 0,6 Metern pro Sekunde normiert. Man geht also ständig von diesen Hochsommerbedingungen aus, damit die Leiterseile niemals so weit durchhängen, dass sie jemanden gefährden könnten. Wenn man mittels Wetterprognosen und Messungen jedoch die Außen- und Leiterseiltemperaturen an jedem Punkt einer Freileitung jederzeit kennt, kann man bei geringeren Außentemperaturen oder mehr Wind durchaus den Stromfluss erhöhen. Die Leitungen werden zwar wärmer – hängen aber wegen der günstigen Witterungsumstände trotzdem nicht gefährlich weit durch.

Digitalisierung, Sensorik und andere Technologien sind eine große Chance, um das Netz weiter zu optimieren. Das ist wie in der Medizin. Mit dem Ultraschall kann man sehr schnell zum Beispiel Tumore erkennen. Früher waren Ärzte aufs Abtasten angewiesen oder mussten Röntgenbilder anfertigen. Bei Stromleitungen verließ man sich bisher auf das geschulte Auge, um kleine Schäden zu erkennen, die den Stromfluss behindern. In Zukunft wird zur Netzoptimierung mehr Hightech zum Einsatz kommen. Damit kann man auch in die Tiefe schauen.

Beim V wie Netzverstärkung sind zum Beispiel neue Leiterseile das Pendant zum Lederflicken an der Hose. Oftmals ist es nicht erforderlich, eine ganz neue Leitung zu planen. Stattdessen kann man bestehende 220-kV-Trassen auf Systeme mit 380 kV aufrüsten und dadurch mit mehr Spannung mehr Strom transportieren.

Erst wenn all diese Maßnahmen ausgereizt sind, so sieht es der Gesetzgeber vor, kommt A wie Netzausbau dran. Sprich: Es gibt eine neue Hose, äh Leitung.

3.9 Netze im Vergleich

Strom, Strom, Strom. Immer nur Strom. Gibt es denn keine anderen schönen Dinge im Leben, über die ich hier auch mal schreiben könnte? Wie wäre es denn mit Gaspipelines? Oder über Auto- und Eisenbahnen anstatt ausschließlich über Stromnetze? Und – ach guck mal – da gibt es tatsächlich so manche Gemeinsamkeiten – und natürlich Unterschiede. Die habe ich hier anhand der amtlichen Dokumente aufgeschrieben und ein subjektives Ranking der wichtigsten Infrastrukturnetze erstellt.

Transportgut

1. Platz. Über das Stromnetz werden Elektronen bewegt. Die Elektronen sind Alleskönner und können sehr viel in Bewegung bringen. Sie treiben Maschinen und technische Geräte aller Art an und erzeugen sogar Wärme. Daher oben auf dem Siegertreppchen.
2. Platz. Über Fernstraßen wird so ziemlich alles transportiert, was beweglich ist. Nur Strom eben nicht. Also Platz 2.
3. Platz. Das Eisenbahnnetz ist fast so multifunktionsfähig wie das Straßennetz. In Tankzügen wird sogar Energie in Form von Flüssiggasen transportiert. Allerdings funktioniert es nur in Kombination mit dem Straßenverkehr. Es reicht also nur zu Platz 3.
4. Platz. Gasleitungen transportieren einen Cocktail aus verschiedenen Molekülen. Erdgas besteht

zu mindestens 85 % aus Methan, enthält aber auch Ethan, Propan, Butan, Wasserstoff, Kohlenstoffdioxid, Stickstoff und Schwefelwasserstoff. Rein theoretisch könnte man auch ohne Gasnetze klarkommen. Dann wäre aber auf Autobahnen und Eisenbahnstrecken die Hölle los. Trotzdem nur Rang 4.

Länge

Platz 1. Die deutschen Fernstraßen – das sind Autobahnen und Bundesstraßen – bringen es zusammen auf etwa 51.000 Kilometer. Für Autobahnen ist seit Anfang 2021 die bundeseigene Autobahn GmbH zuständig. Bei den Bundesstraßen trägt der Bund zwar die »Straßenbaulast« – muss also zahlen –, das Organisatorische regeln aber die einzelnen Länder mit ihren Straßenbehörden.

Platz 2. 40.000 Kilometer umfasst das Gasfernleitungsnetz, das von zwölf Energieunternehmen bewirtschaftet wird, darunter die Ontras als Tochtergesellschaft der VNG AG mit Sitz in Leipzig. Sie arbeiten in der Vereinigung der Fernleitungsnetzbetreiber Gas e. V. zusammen.

Platz 3. Die vier deutschen Übertragungsnetzbetreiber 50Hertz, Amprion, TenneT und TransnetBW bewirtschaften ein Höchstspannungsnetz mit zusammen 37.000 Kilometer Stromkreislänge. Ihre Aufsichtsbehörde ist, wie beim Gasfernleitungsnetz, die Bundesnetzagentur.

Platz 4. Das von der DB Netz AG betriebene Schienennetz hat eine Länge von knapp 34.000 Kilometern. Darauf fahren aber nicht nur die Züge der Deutschen Bahn umher, sondern inzwischen auch die von vielen kleineren privaten und kommunalen Bahngesellschaften.

Ausbaubedarf

Platz 1. In dem von der Bundesnetzagentur (BNetzA) bestätigten Stromnetzentwicklungsplan 2035 (2021) sind neue Maßnahmen auf einer Länge von insgesamt 6.350 Kilometern vorgesehen, über die Hälfte davon sind Verstärkungen im Wechselspannungsnetz sowie 2.150 Kilometer neue Gleichstromleitungen. Hinzu kommen natürlich die erforderlichen technischen Nach- und Umrüstungen in den Umspannwerken.

Platz 2. Die deutschen Autobahnen und Fernstraßen will der Bund bis 2030 ebenfalls ausbauen und verstärken. Insgesamt sind im Bundesverkehrswegeplan 6.124 Kilometer vorgesehen, davon etwa 2.600 Kilometer Neu- und Ausbau von Autobahnen und Autobahnkreuzen. Die restlichen 60 % entfallen auf Ortsumgehungen und übrige Bundesstraßen.

Platz 3. Die Deutsche Bahn darf ihre Verkehrswege ebenfalls laut Bundesverkehrswegeplan bis 2030 erweitern und verstärken. Geplant sind 3.100 Schienenkilometer, davon 500 Kilometer reine Neubaustrecken.

Platz 4. Im Netzentwicklungsplan Gas 2020–2030 sind 1.620 Kilometer an neuen Fernleitungen vorgesehen. Und zusätzlich ein Ausbau von Gasverdichtern. Die BNetzA hat den Netzentwicklungsplan (NEP) Gas gerade unter Auflagen genehmigt. Sie verlangt von den Gasfernleitungsbetreibern, dass sie technische Vorkehrungen zur Integration von Wasserstoff treffen und damit beginnen, ein eigenes Wasserstoffnetz aufzubauen.

4. Kosten (bis 2030)

Platz 1. Bundesfernstraßen: ca. 133 Milliarden Euro.
Platz 2: Schienen: ca. 112 Milliarden Euro.
Platz 3: Stromübertragungsnetze: ca. 75 Milliarden Euro.
Platz 4: Gasfernleitungen: ca. 8 Milliarden Euro.

5. Kosten pro Kilometer

Platz 1: Gasfernleitungen: 5 Millionen Euro/km
Platz 2: Stromübertragungsnetze: 6,9 Millionen Euro/km
Platz 3: Bundesfernstraßen 21,7 Millionen Euro/km
Platz 4: Schienen 36 Millionen Euro/km

3.10 Tour der Blindleister

Der Begriff Blindleistung dürfte den meisten Menschen vollkommen unbekannt sein. Er taucht immer dann auf, wenn es um Frequenz- und Spannungshaltung im Stromnetz geht. Die Blindleistung ist so etwas wie die kleine Schwester oder der kleine Bruder der sogenannten Wirkleistung – eigentlich unnütz und nervig, aber irgendwie braucht man sie dann doch hin und wieder für allerlei niedere Tätigkeiten.

Wenn man Strom über weite Strecken transportiert, geht unterwegs viel Energie verloren, weil sich den Elektronen überall kleinste Hindernisse (Ohmsche Widerstände) in den Weg stellen. Das zeigt sich daran, dass Leitungen warm werden und der Strom als Wärmeenergie verpufft. Oder es gibt dieses typische Knistern unter Freileitungen, wenn es im Herbst nebligfeucht wird. Das sind die sogenannten Korona-Entladungen, mit K, die mit dem ähnlich klingenden Virus weder verwandt noch verschwägert sind.

Über alle Spannungsebenen hinweg gehen in Deutschland rund 6 % der elektrischen Energie beim Transport in den Leitungsnetzen verloren. Und um diese Verluste zu minimieren und dafür zu sorgen, dass möglichst viel Wirkleistung beim Verbraucher mit der richtigen Spannung und Frequenz ankommt, muss man das genau richtige Maß an Blindleistung hinzufügen.

Wie kann man das bloß erklären? Vielleicht sportlich. Jedes Jahr radeln bei der Tour de France über 150 Hochleistungssportler rund 3.500 Kilometer kreuz und quer durch Frankreich und benachbarte schöne Regionen. Sie wollen möglichst viele gelbe, grüne und gepunktete Hemden ergattern und am Ende in Paris oben auf dem Siegertreppchen stehen. Wer bummelt, wird vom sogenannten Besenwagen eingesammelt und scheidet aus. Das ist dann totaler Energieverlust.

Damit die Fahrer diese Kraftanstrengung bewältigen können, umschwärmen sie unsichtbare Helferlein. Diese reichen aus fahrenden Autos Bananen, Getränke, Vitaminpillen – früher häufiger auch mal andere Substanzen – und ölen nach jeder Etappe die Ketten, justieren die Schaltungen, optimieren den Reifendruck. Den Fahrern wird also ständig BLINDLEISTUNG hinzugeführt, damit sie WIRKLEISTUNG in die Pedalen bringen, nicht aus dem Tritt geraten (Frequenzhaltung), sprintfähig bleiben (Spannungshaltung) und genug Puste haben (Energieausgleich). Dabei kommt es auf die richtige Dosierung und die richtigen Präparate und Methoden an. Den Fahrer vor einer Etappe mit Schokoriegeln vollzustopfen, ist weniger sinnvoll, als ihm unterwegs zum richtigen Zeitpunkt die richtige Menge Kalorien zuzuführen.

Beim Stromnetz funktioniert das mit der Blindleistung ähnlich. Auch hier muss man an den strategisch richtigen Stellen Energie für verschiedene Anwendungszwecke zuführen. Das ist die sogenannte Blindleistungskompensation. Kommt der Strom also im Umspannwerk schon mit etwas schlappen Beinen an, kann man ihn gewissermaßen mit elektrotechnischen Vitaminen wieder aufpäppeln. Dafür stehen sogenannte Blindleistungskompensationsanlagen bereit, auch als static VAR Compensator (SVC) bezeichnet. Diese Anlagen bestehen aus Kurzzeitspeichern (Kondensatoren), Spulen und Transformatoren, mit deren Hilfe die schwächelnden Elektronen wieder fit gemacht werden.

Und weil die Blindleistung so ein Sonderling ist, hat sie sogar eine eigene Einheit bekommen: VAR. Die Abkürzung sagt viel über die Funktion von Blindleistung aus. Volt (Spannung) und Ampere (Stromstärke) werden reaktiv eingesetzt. In der Praxis kann manchmal zu viel Blindleistung im Netz sein und den Stromfluss behindern. Dann kommen Drosselspulen zum Einsatz.

Die deutschen Übertragungsnetzbetreiber müssen in den kommenden Jahren über 70 hochmoderne und kostspielige Anlagen installieren, die ganz gezielt den Stromfluss auf dynamische Weise beeinflussen können, indem sie Blindleistung zu- oder abschalten. Dies sind die sogenannten STATCOM-Anlagen. Sie sind eine Art High-End-Servicestationen, an denen nicht nur Nahrung verabreicht und Ketten geölt, sondern gleich die Zahnkränze samt Hinterrad ausgetauscht werden.

Erforderlich sind diese STATCOMs, weil Blindleistung bisher von den Kraftwerksgeneratoren in Atom- oder Kohlekraftwerken quasi als Nebenprodukt erzeugt und vorgehalten wurde. Diese Kraftwerke eigneten sich mit ihren mächtigen rotierenden Massen mit Trägheitsmomenten insbesondere gut für die Spannungs- und Frequenzhaltung. Die meisten davon scheiden im Zuge der Transformation des Energiesystems allmählich aus dem System aus. Ihre Aufgabe übernehmen nun die STATCOMs selbst.

3.11 Muttis Türsteher

Ein weiterer schöner Begriff aus dem Wörterbuch der elektrotechnischen Mysterien ist der »Phasenschieber«. Was zum Himmel mag das sein? Man kennt den Phasenprüfer, wenn man mal an der Deckenlampe herumschraubt. Und auch den Schneeschieber. Ist der Phasenschieber etwa eine Kombination dieser beiden Geräte? Was schiebt der Phasenschieber wohin und vor allem, warum?

Stellen wir uns das Stromnetz wie eine Badewanne vor. Und zwar ohne Überlauf. Lässt man in die Badewanne unkontrolliert Wasser ein, schwappt es über den Rand. Wohnt man in einem Mehrfamilienhaus zur Miete, sind die Nachbarn von unten nicht gerade erfreut, wenn es durch die Decke tröpfelt. Beim ersten Mal geht das meistens glimpflich ab. Man entschuldigt sich kleinlaut für das Malheur, die Nachbarn heucheln Verständnis, Versicherungsnummern werden ausgetauscht, Handwerker kommen – erledigt.

Wenn das aber regelmäßig passiert, wirds ungemütlich. Dann stehen auch die Mieter der darunterliegenden Wohnungen erbost auf der Matte. Anwälte werden eingeschaltet und der Vermieter droht mit Kündigung. So ähnlich war das vor einigen Jahren mit der deutschen Stromnetz-Badewanne. Windräder und PV-Anlagen kippten nahezu unkontrolliert ihren Strom rein – und unsere europäischen Nachbarn in Polen, Tschechien, Belgien und in den Niederlanden bekamen nasse Füße. Und das setzte eine Kettenreaktion in Gang: Deren Stromnetzbetreiber beschwerten sich bei ihren Regierungen, deren Regierungen bei unserer Bundesregierung, die bei der Bundesnetzagentur und die bei den Übertragungsnetzbetreibern. Am Ende landete der ganze Schlamassel bei der früheren Bundeskanzlerin Angela Merkel auf dem Tisch, weil die bei irgendeinem EU-Dinnerabend blöd von der Seite angequatscht wurde. Und wenn Mutti böse ist, das kennen wir alle aus unserer Kindheit, dann sollte man besser handeln ...

Jetzt könnte man natürlich gegenüber den europäischen Nachbarn einwenden: Was regt ihr euch so auf? Ist doch guter Ökostrom, der da kostenlos rüberschwappt. Dieses Argument zieht nur bedingt. Man würde ja auch nicht den Nachbarn von unten sagen: Freut euch doch über unser Wasser, das direkt in eure Zahnputzbecher tropft. Es ist sehr gutes Wasser. Und wir zahlen sogar die Wasserrechnung. Ihr merkt: So funktioniert das nicht.

Vielleicht fragen Sie sich an dieser Stelle: Es kann ja wohl nicht allzu schwer sein, ein Überlaufventil zu installieren? Stimmt – wenn man in die Badewanne Gleichstrom einfüllen würde. Der Gleichstrom ist von seinem Charakter her vollkommen anders als der Wechselstrom. Dem Gleichstrom sagst du: Du fließt jetzt von A nach B durch diese Leitung! Dann schlägt der Gleichstrom die Hacken zusammen und führt den Befehl exakt so aus. Er ist da sehr preußisch-deutsch.

Der Wechselstrom dagegen ist eher anarchistisch veranlagt. Dem kannst du tausendmal sagen, dass er bitte den Weg über das Umspannwerk X oder Y nehmen soll. Er sagt ja, ja, ja und sucht sich dann doch seinen eigenen Weg. In der Vergangenheit (ohne Grenzkontrolle) gerne über Polen oder Tschechien Richtung Bayern durch das europäische Stromverbundnetz vagabundierend. Ganz wie Pippi Langstrumpf: Ich mach mir die Welt, wie sie mir gefällt. Und im Westen nahm der Wechselstrom gerne den Weg über Belgien und die Niederlande, obwohl er doch eigentlich nach Baden-Württemberg unterwegs war.

Und jetzt kommt als Lösung für diesen Anarcho-Strom der Phasenschieber ins Spiel. Man nennt ihn auch Phasenschieber-Transformator (PST) oder auch Querregel-Transformator. Er funktioniert wie der Türsteher im nächtlichen Clubleben. Der Wechselstrom kommt, wie im Kapitel Generator beschrieben, über drei Leitungen, also drei Phasen sinuswellenförmig, im Phasenschieber an. Wenn man jetzt in diese Leitungen solche Querregler einsetzt, dann werden diese Phasen manipuliert. So kann man die Leistung auf den einzelnen Leitungen anders aufteilen, also die Phasen verschieben. Auf diese Weise kann man regulieren, wie viel Strom ins Ausland oder in ein anderes Netzgebiet fließt. So macht es auch der Türsteher, wenn drei Leute vor ihm stehen: »Pass auf, Alter. Dein Gesicht gefällt mir nicht. Du bleibst draußen. Dein Kumpel kann rein, steckt sich aber das Hemd in die Hose, und eure Tussi kann schon mal durchgehen.« (Sorry, ist jetzt etwas sexistisch, aber echt Phasenschieber-Realität)

Übertragen auf den Wechselstrom bedeutet das: Manchmal muss Strom wieder umkehren, manchmal lässt der Phasenschieber etwas Strom passieren und

manchmal – wenn er echt gute Laune hat – grinst er
nur und winkt ein paar Hundert Megawatt einfach so
durch.

4 Strom als Ware

4.1 Oma Krause kauft Tomaten

Strom ist eine Ware, die auf ähnliche Weise gehandelt wird wie Obst, Gemüse, Aktien oder Gold. Allerdings gibt es gravierende Unterschiede. So ist Strom leitungsgebunden und daher an physikalische Rahmenbedingungen wie an die Frequenz- und Spannungshaltung gekoppelt.

Deshalb sollte man keine Äpfel mit Birnen vergleichen. Aber wie wärs damit, Strom und Tomaten zu vergleichen? An dieser Stelle verlasse ich die geordneten Sphären der Elektrotechnik und begebe mich hinein in die Welt der Stromhändler und Börsianer.

Stellen wir uns also eine fiktive Einkäuferin vor, nennen wir sie Oma Krause. Sie zieht mit ihrem Einkaufsroller los und will auf dem Wochenmarkt ein Kilogramm Tomaten kaufen. Stopp! Geht schon mal nicht. Oma Krause kann dort nicht privat einkaufen. Sie braucht eine Art Gewerbeschein wie für den Großmarkt oder die METRO. Es dürfen dort nur Großverbraucher einkaufen, die entweder die Tomaten weiterverkaufen oder zum Beispiel im Restaurant massenhaft Tomaten verarbeiten.

Okay, also hat Oma Krause ein kleines Geschäft, es heißt »Krause & Tomatentöchter«. Dort verkauft sie, wie der Name schon sagt, Tomaten. In der Sprache des Stroms würde man sagen, sie bewirtschaftet einen »Bilanzkreis«. Und als »Bilanzkreisverantwortliche« ist sie dafür verantwortlich, dass immer ausreichend Tomaten in der Auslage liegen.

Der Tomatenmarkt, auf dem Oma Krause einkauft, ist vor allem dadurch gekennzeichnet, dass alle Tomaten gleich sind. Es sind quasi genmanipulierte Klontomaten. Keine Flaschen- oder Rispentomaten aus Spanien, keine Tomaten aus niederländischen Gewächshäusern, keine Biotomaten aus der Uckermark. Es gibt nur Tomaten. Einziges Unterscheidungsmerkmal: der Preis.

Vorzugsweise geht Oma Krause zu Tomaten-Rudi. Den kennt sie schon lange, ihm vertraut sie und er macht gute Preise. Sie trinkt also mit Tomaten-Rudi eine Tasse Kaffee und beide vereinbaren, dass er ihr im nächsten Jahr zu einem bestimmten Preis fünf Säcke Tomaten und zu einem etwas höheren Preis im nächsten Monat noch einmal drei Säcke Tomaten verkaufen wird. Auch frische Tomaten gleich für morgen hat er im Angebot, aber die sind Oma Krause zu teuer. Tomaten-Rudi ist ein Tomaten-Broker. Er kauft bei Tomatenbauern die prognostizierten Ernten ein und verkauft sie dann mit einer Gewinnspanne an viele Einzelhändler weiter. Noch bevor eine einzige Tomate gepflückt wurde! Im Stromgeschäft würde man das **OTC-Handel** nennen. OTC heißt »Over the Counter«. Man macht Geschäfte über den Ladentisch. Niemand außer Oma Krause und Tomaten-Rudi kennt den Preis, den die beiden vereinbart haben. Noch immer dominiert der OTC-Handel den Tomatenmarkt mit rund drei Viertel aller abgeschlossenen Transaktionen.

Konkurrenz belebt bekanntlich das Geschäft. Deshalb gesellt sich Oma Krause anschließend zu anderen Einzelhändlern, die auf eine Anzeigentafel mit aktuellen Tomatenbörsenpreisen schauen. Oma Krause hat zwar für ihren Laden lang- und mittelfristig bei Tomaten-Rudi vorgesorgt, aber für das kommende lange Feiertagswochenende erwartet sie eine hohe Tomatennachfrage – und deshalb muss sie hier an der Börse kurzfristig nachordern.

Genaugenommen gibt es zwei Grüppchen, bei denen sie sich tummelt. Am **Terminmarkt** und am **Spotmarkt**. Am Terminmarkt könnte sich Oma Krause ebenfalls langfristig mit Tomaten eindecken. Da sie das aber bei Tomaten-Rudi schon zu einem guten Preis erledigt hat, schlendert sie zum Spotmarkt weiter, der sich in **Day-Ahead-** und **Intraday-Markt** aufspaltet. Bis 12 Uhr kann sie am Day-Ahead-Markt ein Gebot für einen Zentner Tomaten für den nächsten Werktag abgeben. Noch kurzfristiger geht es auf dem Intraday-Markt zu. Hier kann Oma Krause sogar noch bis fünf Minuten vor Lieferung mitbieten – da hat der Lkw-Fahrer schon den Motor angeworfen. Allerdings hat die Sache einen Haken. Am Spotmarkt geht es preislich manchmal rauf und runter wie bei einer Achterbahn. Da kann man auch mal Pech haben.

Heute hat Oma Krause jedoch Glück. Viel Sonne und Wind haben die Preise in den Keller rauschen lassen. Da schlägt sie zu und kauft zum Schnäppchenpreis Tomaten für das Wochenendgeschäft ein.

Einen Lieferwagen braucht Oma Krause übrigens nicht. Die Tomaten werden ihr vom Tomatenübertragungsnetzbetreiber und Tomatenverteilnetzbetreiber frei Haus in den Laden transportiert.

4.2 Ist der Strom wirklich »Bio«?

Über ein Viertel aller deutschen Haushalte bezieht inzwischen »Ökostrom«. Wer sein grünes Gewissen pflegen will, kauft also nicht nur nachhaltig, fair, regional und biologisch-dynamisch korrekt die Tomaten ein, sondern auch den Strom. Aber was bedeutet eigentlich Ökostrom? Wie kommt er in den Vertrieb? Und was sagt die Bezeichnung über Herkunft und Handel aus?

Begleiten wir also erneut Oma Krause zum Strombzw. Tomatenmarkt. Wie immer geht sie zuerst zum Broker ihres Vertrauens, zu Tomaten-Rudi.

Oma Krause: »Du, Rudi. Meine Kunden verlangen jetzt immer häufiger Bio-Tomaten. Am liebsten aus der Region. Was kannst du mir da anbieten?«

Tomaten-Rudi: »Das tut mir leid. Öko-Tomaten aus Deutschland habe ich nicht im Sortiment. Unsere Bio-Tomatenbauern bekommen ja über das Bio-Tomaten-Einspeisegesetz feste Abnahmepreise garantiert. Die haben es nicht nötig, ihre Tomaten an uns Großhändler zu verkaufen.« Tomaten-Rudi zeigt auf einen riesigen Berg von Tomaten, die sich neben seinem Marktstand auftürmen. »Da liegt alles durcheinander. Bio-Tomaten, Gen-Tomaten, Pestizid-Tomaten. Die sehen zwar rot aus, aber wir sagen dazu Grau-Tomaten.«

Oma Krause: »Was soll ich denn jetzt meinen Kunden sagen, wenn ich mit leeren Händen zurückkomme?«

Tomaten-Rudi: »Du kannst doch im Ausland kaufen. Da gibt es reichlich Bio-Tomaten.«

Oma Krause: »Kann man sich denn darauf verlassen, dass die wirklich »Bio« sind?«

Tomaten-Rudi zuckt mit den Schultern. »Das kommt darauf an. Ich kann dir zum Beispiel Bio-Tomaten aus norwegischer Aqua-Kultur anbieten. Die produzieren die in Hülle und Fülle. Die sind gerade sehr günstig.«

Oma-Krause blickt skeptisch auf den Berg der Grau-Tomaten. »Wie kannst du denn kontrollieren, ob sie dir nicht doch eine konventionelle Tomate unterjubeln? Es sehen doch alle gleich aus.«

Tomaten-Rudi: »Das geht offiziell nicht. Die norwegischen Tomaten-Bauern müssen für jeden Zentner Bio-Tomaten, den sie in den Handel bringen, ein Zertifikat vorweisen. Das nennt sich Herkunftsnachweis. Darüber führt das *Bundestomatenamt* in Dessau ein Register. Wenn ich als Bauer Bio-Tomaten verkaufen will, muss ich für dieselbe Menge Öko-Zertifikate einkaufen. Und das Amt entwertet das Zertifikat dann. Wie eine Busfahrkarte.«

Oma-Krause: »Das kommt mir aber komisch vor.«

Tomaten-Rudi zwinkert ihr zu. »Man kann natürlich auch ein wenig schummeln. Wenn zum Beispiel ein spanischer Bauer an deutsche Kunden Bio-Tomaten verkaufen will, dann kauft er einfach in Norwegen oder Österreich eine entsprechende Menge Öko-Zertifikate ein. Die sind zurzeit spottbillig. Diese Zertifikate klebt er einfach auf seine Kunstdünger-

Tomaten und bringt sie in den Handel. Das nennt sich *ETCS. European Tomato Certification System.* Die Kunden merken das gar nicht. Hauptsache Öko und kostet nichts.«

Oma Krause (entrüstet): »Meine Kunden wollen aber gute Ware. Richtig »Bio«, keine Mogelpackung.«

Tomaten-Rudi: »Dann müssen deine Kunden eben etwas draufzahlen. Es gibt da zwei, drei – ich sag mal – Luxus-Zertifikate. Da verpflichten sich die Bio-Tomatenbauern, einen gewissen kleinen Prozentsatz aus dem Verkaufserlös ihrer Herkunftsnachweise dafür zu verwenden, neue ökologisch bewirtschaftete Felder anzulegen, in neue Anbaumethoden zu investieren oder dafür zu werben, dass weniger Tomaten weggeschmissen, sie also effizienter verwendet werden. Da gibt es die *Ok-Tomaten* (www.ok-power.de), das *Grüne-Tomaten-Label* (www.gruenerstrom.de) und die Siegel vom *TÜV Nord* und *TÜV Süd*.«

Oma Krause: »Und auf die kann ich mich wirklich verlassen?«

Tomaten-Rudi: »Wer weiß. Aber beim *Grüne-Tomaten-Label* schauen denen eine Reihe von Umwelt- und Naturschutzverbänden auf die Finger, ob alles mit rechten Dingen zugeht.«

Oma Krause: »Und hast du denn immer ausreichend Bio-Tomaten auf Lager?«

Tomaten-Rudi: »Kein Problem. Solange die meisten Kunden in Europa konventionelle Tomaten verlangen, gibt es bei den Zertifikaten keine Engpässe. Im Gegenteil. Die Norweger und Österreicher bieten ihre Öko-Zertifikate an wie Sauerbier. Deshalb sind die Bio-Tomaten ja inzwischen genauso billig normale Tomaten.«

Oma Krause denkt eine Weile nach. Sie zweifelt, ob sie auf diese Weise wirklich gute Ware bekommt. »Wie ist es eigentlich geschmacklich? Ist das Aroma wirklich besser?«

Tomaten-Rudi greift jetzt in den Berg hinter sich und holt zwei Tomaten hervor. Er reicht sie Oma Krause über den Tresen seines Marktstandes. Sie probiert die beiden Tomaten und sieht ihn erstaunt an. »Überhaupt kein Unterschied!«

Tomaten-Rudi (lacht): »Es geht doch bei Tomaten nicht um gutes Aroma! Es geht um das gute Gefühl.«

Enttäuscht verlässt Oma Krause den Tomatenmarkt. Gibt es nicht doch eine Möglichkeit, »echte« Bio-Tomaten aus regionalem Anbau zu bekommen? In ihrem Laden bespricht sie das Problem mit ihren Töchtern, die wiederum recherchieren im Internet und stoßen dort auf das sogenannte *Tomato Purchase Agreement (TPA)*. Darüber bieten Bio-Tomatenbauern aus dem Umland ihre Ware »direkt vom Erzeuger« an. Also Hofverkauf plus Lieferung. Die gute alte Biokiste lebt hier wieder auf.

Am nächsten Wochenende fahren »Krause & Töchter« aufs Land zu einem Bio-Tomatenbauern. Dort bestellen sie Tomatenkisten – solange der Vorrat reicht. Darauf müssen sich dann auch ihre Kunden einstellen. Im Gegensatz zu den »falschen« Bio-Tomaten, die immer im Angebot sind, kann es bei den »echten« Bio-Tomaten schon mal heißen: Diesen Monat leider ausverkauft!

PS: Die energiewirtschaftlich korrekten Bezeichnungen habe ich etwas verändert. Aus *Bundesumweltamt* habe ich *Bundestomatenamt* gemacht, aus dem *Grüner Strom Label* das *Grüne Tomaten Label* und aus *ok Power ok Tomaten*. Das *European Tomato Certificate System* heißt in Wirklichkeit *EECS GoO – European Energy Certificate System – Guarantee of Origin*. Und *Tomato Purchase Agreements* sind eigentlich *Power Purchase Agreements (PPA)*. Solche direkten Stromlieferverträge zwischen Erzeuger und Verbraucher sind zum Beispiel in den USA sehr verbreitet, weil es dort keine Garantiezahlung und -abnahme für Strom aus erneuerbaren Energien gibt. In Deutschland entstehen derzeit viele große Solarparks über solche PPA-Modelle. Die Betreiber verkaufen den Strom direkt an Abnehmer aus der Industrie. Es wird damit gerechnet, dass auch viele Windkraftanlagen in das PPA-Modell wechseln, wenn die 20-jährige Förderung durch das Erneuerbare-Energien-Gesetz ausgelaufen ist. Der entsprechende Markt entsteht gerade erst.

4.3 Schock, Terror, Abzocke

Eines der großen Mysterien unserer Zeit lautet: Was ist teuer? Was ist günstig? Gestern war ich im Supermarkt, um Tomaten zu kaufen. Ein Kilo für 2,50 Euro. Ich habe absolut keine Ahnung, was die gleichen Tomaten eine Woche vorher gekostet haben. 2 Euro vielleicht? Oder 3 Euro? War das gestern ein teurer Einkauf – oder ein günstiger? Klar ist jedenfalls: Der Tomatenpreis schwankt und keinen Menschen regt das auf. Schon gar nicht die Politik oder Medien.

Beim Strom ist das anders. Die Frage, ob der Strom um 0,?? Cent pro Kilowattstunde teurer wird im kommenden Jahr, ist ein Politikum. Wird er etwas billiger, was selten vorkommt, sind die Schlagzeilen klein und sachlich. Wird er jedoch teurer, was die Regel ist, lauten die Schlagzeilen so: »Deutschland droht Strompreis-Schock« (SAT.1), »Strompreis-Abzocke – Warum explodieren die Strompreise« (BILD) oder »Strompreis-Terror. So wehren Sie sich« (RTL). Die Aufregung ist dann fast so groß wie beim Benzin an der Tankstelle. Es scheint so, als gäbe es ein Grundrecht auf stabile Benzin- oder Strompreise.

Allerdings scheint der wirkliche Schock über die Terrorabzocke so groß zu sein, dass zwei Drittel aller Menschen sofort wieder vergessen, wie viel sie für diesen viel zu teuren Strom eigentlich bezahlen. Das hat jedenfalls die Deutsche Energieagentur (dena) herausgefunden. Der Grund für die Aufregung über die Strompreise liegt wahrscheinlich auch darin begründet, wie sie zustande kommen. Bei Tomaten gibt es einen richtigen Preiswettbewerb. Beim Strom ist dieser Wettbewerb eingeschränkt. Man hat, trotz der großen Vielfalt an Stromanbietern, das Gefühl, irgendwie einem Monopol ausgeliefert zu sein.

Und tatsächlich können wir als Verbraucher den größten Kostenblock auf unserer Stromrechnung in keiner Weise beeinflussen, selbst wenn wir jedes Jahr den Stromanbieter wechseln und dabei immer einen Bonus einkassieren.

Auf meiner eigenen Stromrechnung sieht die Zusammensetzung des Strompreises zum Beispiel so aus:

- 55 % sind staatlich veranlasste Abgaben, Umlagen und Steuern (Mehrwertsteuer, Stromsteuer, EEG-Umlage, KWK-Umlage (KWK: Kraft-Wärme-Kopplung), Offshore-Haftungsumlage, Konzessionsabgabe zur Nutzung öffentlicher Flächen des Landes Berlin).
- 20 % sind Netzentgelte für Stromnetz Berlin und 50Hertz, damit die Stromnetze zuverlässig funktionieren und ausgebaut werden.
- 25 % erhält mein Stromanbieter für den An- und Verkauf des Stroms. Davon bleibt ihm natürlich eine Gewinnmarge übrig.

Nur ein Viertel des Strompreises, den wir bezahlen, bildet sich also auf einem Markt. Daraus resultiert das Paradox, dass die Strompreise aufgrund der Investitionen in Windräder, Solardächer oder Stromnetze für Privathaushalte und Wirtschaft eher steigen – die Börsenstrompreise jedoch tendenziell in den vergangenen Jahren eher gesunken sind aufgrund des positiven Effektes eben dieser erneuerbaren Energien auf die Preisbildung. Das hat sich jedoch schon im Vorfeld des Krieges gegen die Ukraine aufgrund von Lieferengpässen und Verknappungen beim Erdgas radikal geändert. Die Börsenstrompreise gingen durch die Decke und viele Lieferanten mussten Insolvenz anmelden oder stellten ihren Geschäftsbetrieb wegen der großen Differenz zwischen Einkaufs- und Verkaufspreis einfach ein.

Um diese Zusammenhänge zu verstehen, begleiten wir Oma Krause noch einmal auf den Tomaten-Großmarkt. Dort will sie auf den letzten Drücker noch ein paar Schnäppchen machen, weil sie nicht genügend Tomaten langfristig und auf Vorrat bei Tomaten-Rudi eingekauft hatte. Sie nimmt also am Spotmarkt an einer Tomaten-Versteigerung teil, damit sie am nächsten Tag genug Ware in ihrem Laden anbieten kann. Nochmals zur Erinnerung: Bei dieser Versteigerung geht es ausschließlich um den Preis der Tomaten, die Qualität spielt keine Rolle.

Der Tomatenpreis pro Kilo richtet sich danach, wie viele Tomaten Oma Krause und die anderen Händler einerseits benötigen – und andererseits, zu welchem Preis die Tomatenbauern produzieren können. Nehmen wir an, Oma Krause und die anderen Einkäufer benötigen zusammen 100 kg Tomaten. Auf der anderen Seite gibt es verschiedene Bauern, die ihre Tomaten anbieten. Die Ökobauern bieten heute 50 kg an. Sie sind – man staune – auf diesem speziellen Markt am günstigsten. Ihre Produktionskosten und Gewinne haben sie bereits vorab erhalten, weil sie aufgrund des Öko-*Tomaten-Gesetzes (ÖTG)* für jedes Kilo Tomaten 20 Jahre lang einen staatlich garantierten Preis erhalten. Dieses Geld erhalten sie aus einem Gemeinschaftstopf. Damit in diesen Topf Geld zurückfließt, werden die Tomaten sehr günstig auf dem Tomatenmarkt angeboten. Der Markt ist sogar durch das ÖTG verpflichtet, diese Tomaten zu verkaufen. Daher sind die Öko-Tomaten konkurrenzlos günstig.

An unserem fiktiven Markttag können die spanischen Gewächshausbauern weitere 30 kg liefern, weil sie mit viel Sonne und in großen Plantagen sehr effizient produzieren. Die Niederländer könnten auch 30 kg liefern, aber sie sind heute etwas teurer als die Spanier. Daher werden sie nur 20 kg los. Alle anderen, noch teureren Anbieter, verkaufen heute keine Tomaten, da die Nachfrage nach den 100 kg bereits durch die Öko-Bauern, die Spanier und teilweise die Niederländer gedeckt ist.

Oma Krause bietet also bei der Versteigerung mit. Die Auktion wird dann geschlossen, wenn die Nachfrage nach den 100 kg Tomaten gedeckt wird. Wenn die niederländischen Tomatenbauern ihre wenigen Tomaten jetzt für beispielsweise einen Euro pro Kilo verkauft haben, dann ist das der finale Preis für sämtliche Tomaten. Anders ausgedrückt: Auch die Öko-Bauern und die Spanier, die ihre Tomaten für 20 oder 50 Cent angeboten haben, bekommen einen Euro und machen damit einen sehr guten Gewinn. Die Niederländer hingegen werden weder alle Tomaten los, die sie produziert haben, noch erhalten sie eine gute Gewinnmarge. Auf diese Weise werden diejenigen belohnt, die günstig Tomaten produzieren.

Nach diesem Prinzip funktioniert auch der Strommarkt. Dabei spielen die sogenannten »Grenzkosten« eine entscheidende Rolle bei der Preisbildung. Solar- und Windkraftanlagen haben keine Grenzkosten, weil jede Kilowattstunde ohnehin vergütet wird und es kaum einen Unterschied macht, ob sie nur eine Stunde am Tag Strom erzeugen oder fünf Stunden. Atomkraftwerke haben ebenfalls relativ geringe Grenzkosten. Sie laufen schon sehr lange, die Investitionen sind abgeschrieben, die Brennstoffkosten niedrig und die Kraftwerke sind darauf ausgelegt, kontinuierlich Strom zu liefern.

Bei anderen fossilen Kraftwerken fallen jedoch Grenzkosten in unterschiedlicher Höhe an, weil sie für den Einkauf von Kohle, Erdgas oder Öl – außerdem für CO2-Emissionszertifikate – Geld bezahlen müssen. Und sie brauchen viel Personal zum Betrieb der Kraftwerke. Aus diesen unterschiedlichen Grenzkosten ergibt sich eine bestimmte Reihenfolge, welcher Strom aus welchen Kraftwerken an der Strombörse zum Zuge kommt. Das ist der sogenannte **Merit-Order-Effekt** (MOE) – die Einsatzreihenfolge von Kraftwerken.

Bisher war die Reihenfolge – analog zum Tomatenbeispiel – so: erneuerbare Energien, Atomkraft, Braunkohle, Steinkohle, Erdgas, Öl. Da die Preise für die CO2-Emissionszertifikate seit 2017 um über 300 % gestiegen sind, haben Gaskraftwerke in der Einsatzreihenfolge die Kohlekraftwerke häufig bereits überholt. Denn bei der Verbrennung von Gas entsteht deutlich weniger CO2 als bei der Verbrennung von Braun- oder Steinkohle. Es ist also klimafreundlicher. Weiterer Vorteil: Gaskraftwerke lassen sich schneller hoch- oder runterfahren, sie können flexibler auf Angebot und Nachfrage auf dem Strommarkt reagieren. Auch das hat Einfluss auf die Grenzkosten. Allerdings hat dieses System Mängel, wie die aktuelle Versorgungskrise zeigt. Die Börsenstrompreise richten sich nach dem Kraftwerk, das gerade noch zum Einsatz kommt. Das sind häufig die aktuell sehr, sehr teuren Gaskraftwerke. Die Konsequenz: es verdienen derzeit die – preisgünstiger – produzierenden Kohlekraftwerke und auch die Wind- und Solaranlagen in der Direktvermarktung ordentlich Geld.

Diese Systematik führte dazu, dass die klimaschädlichen Braun- und Steinkohlekraftwerke ihren Strom immer häufiger nicht an der Börse verkaufen konnten. Mit jedem Windrad und jeder Photovoltaikanlage, die ans Stromnetz angeschlossen wird, nimmt dieser Trend tendenziell zu. Die fossilen Kraftwerke werden in Zukunft immer häufiger nur dann zum Einsatz kommen, wenn die erneuerbaren Energien nicht genug Strom produzieren.

Allerdings ist dies kein linearer Prozess. Wenn Ende 2022 die letzten deutschen Atomkraftwerke abgeschaltet werden, wird es übergangsweise eine Renaissance der Kohlekraftwerke geben. Bis dahin können gar nicht genug Windräder und Solaranlagen gebaut werden, um den Anteil von etwa 10 % Atomstrom zu kompensieren. Schon gar nicht, wenn Wolken den Himmel verdüstern und die Windräder bei Flaute stillstehen.

4.4 Im Stromplanschbecken

Kosmische Kräfte streben nach Gleichgewicht. In kommunizierenden Röhren ist der Wasserstand immer gleich hoch. Beim Yin und Yang ergänzen sich »Gut«

und »Böse« zu einem harmonischen Saldo, der irgendwie ganz okay ist. Und die arg strapazierte »Work-Life-Balance« sagt aus, dass Arbeit allein nicht glücklich macht. Nur Freizeit allerdings auch nicht.

Allerdings muss man diesen Gesetzen manchmal auf die Sprünge helfen. Das ist zum Beispiel beim Stromnetz der Fall, bei dem Stromangebot und Stromnachfrage immer schön auf der Frequenz 50 Hertz ausbalanciert sein müssen, sonst droht ein Stromausfall. Doch wie stellt man dieses Gleichgewicht eigentlich her?

Um die komplexen Wechselwirkungen zwischen Physik und Markt zu verstehen, stellen wir uns das Stromsystem wie ein riesiges »Tropcial Island« vor, eine Giga-Schwimmhalle. Darin baden gleichzeitig über 80 Millionen Menschen, also alle deutschen Stromverbraucher. Manche sind klein und dünn, manche groß und dick. Manche bewegen sich ganz vorsichtig – andere machen eine Arschbombe nach der anderen. Das Becken wäre ungefähr so groß wie die Müritz. Nach einer Weile wäre aus diesem riesigen Becken das Wasser rausgeschwappt oder durch unzählige kleine Löcher entwichen. Also muss man nachfüllen. Dafür stehen in unserer Imagination über zwei Millionen Schläuche zur Verfügung, davon ein Großteil ganz kleine dünne (Photovoltaikanlagen), einige mitteldicke (Windkraftanlagen) und ganz wenige richtig dicke Rohre (Offshore-Windparks, Atommeiler, Braunkohlekraftwerke).

Wäre es möglich, dass ein einziger Bademeister dieses riesige Becken beaufsichtigt und für eine ausreichende Wasserzufuhr sorgt? Nein, auf gar keinen Fall. Ein einziger Bademeister ist ja nicht einmal in der Lage, das Stadtbad in Berlin-Schöneberg zu beaufsichtigen. Man braucht also Oberbademeister und ganze Scharen von Hilfsbademeistern. Die Oberbademeister beim Strom sind die vier deutschen Übertragungsnetzbetreiber 50Hertz, Amprion, TenneT und TransnetBW. Die Hilfsbademeister heißen **Bilanzkreisverantwortliche**. Sie schließen mit dem Übertragungsnetzbetreiber sogenannte Bilanzkreisverträge ab.

Die Hilfsbademeister sind für abgegrenzte Gruppen von Badegästen verantwortlich, Schulklassen oder Vereinsschwimmer zum Beispiel. Am Vortag des Badevergnügens informieren sie den Oberbademeister, wie viele ihrer Schützlinge kommen und wie viel Wasser sie wohl in jeder Viertelstunde ihres Planschbeckenbesuches verplempern werden. In einem Bilanzkreisvertrag verpflichten sie sich, die zu erwartenden Wasserverluste durch Wasserkäufe auszugleichen, und legen dafür dem Oberbademeister einen Fahrplan vor. Von ihren Schützlingen kassieren sie natürlich vorab Geld für die vermutete Wasserverplemperei.

Der Oberbademeister nimmt diese Meldungen entgegen, beobachtet von seinem Turm aus das bunte Treiben und wartet mal schön ab, was so wirklich passiert in seinem Becken. Und logisch: Viele Hilfsbademeister haben entweder zu große oder zu geringe Wasserverluste prognostiziert – ihre Bilanz stimmt also nicht. Der Oberbademeister rechnet die zu hohen und die zu niedrigen Prognosen zusammen. Daraus ergibt sich dann ein Wasserüberschuss oder ein

-mangel. Und jetzt schlägt seine große Stunde. Der Oberbademeister steigt von seinem Turm herunter und setzt **Regelenergie** ein. Positive Regelenergie, um ganz schnell das Becken wieder bis zum Rand aufzufüllen. Oder negative Regelenergie, um aus dem Becken Wasser abzupumpen. In der Stromwirtschaft stehen für die positive Regelenergie konventionelle Kraftwerke parat, für die negative Regelenergie zum Beispiel Pumpspeicher.

Der Oberbademeister wäre jedoch komplett überfordert, wenn er das alles händisch erledigen müsste. Er muss ja schnell handeln, damit das Becken immer schön gleichmäßig gefüllt ist. Es setzt sich also vollautomatisch eine Kaskade in Gang. Ohne sein eigenes Zutun gleicht die **Momentanreserve** fast zeitgleich kleinste Abweichungen aus. Reicht das nicht, aktiviert der Oberbademeister innerhalb von 30 Sekunden die **Primärreserve**, nach fünf Minuten die **Sekundärreserve** und nach weiteren 15 Minuten die **Minutenreserve**. Für all diese Regelleistungen gelten unterschiedliche Preise und Verfahren.

Die Kosten für die Beschaffung von Regelenergie stellt der Oberbademeister seinen Hilfsbademeistern anschließend in Rechnung. Wer zu wenig Wasser bestellte, muss ordentlich nachbezahlen. Wer durch eine zu hohe Bestellung zum Ausgleich beitrug, bekommt eine Gutschrift. Diese Abschlussrechnung nennt man daher **Ausgleichsenergie**.

Regelenergie ist also der physikalische Wasser- bzw. im wahren Leben natürlich Stromausgleich. Ausgleichsenergie ist lediglich die kaufmännische Abrechnung.

Kein Wunder, dass in einem so komplizierten Marktgeflecht Fehler passieren oder der eine oder andere kommt auf dumme Ideen für eine wundersame Geldvermehrung. So etwas ist offenbar mehrfach im Sommer 2019 passiert, als der Oberbademeister Schläuche aus dem Ausland herbeischaffen musste, um sein Schwimmbecken aufzufüllen. Zu viele seiner Hilfsbademeister hatten viel zu niedrige Prognosen abgegeben und viel zu wenig Wasser zum Ausgleich ihres Bilanzkreises an der Börse eingekauft.

Ob dahinter einfach nur schlechte Prognosen oder Absicht standen – damit beschäftigen sich derzeit die Gerichte. Die betroffenen Bilanzkreisverantwortlichen waren, je nach Lesart und Rechtslage, entweder ganz besonders clever oder aber ganz besonders kriminell. Irgendwann wird es dazu Urteile geben und dann haben wir es schwarz auf weiß.

4.5 Strom auf Vorrat

Es ist noch gar nicht so lange her, da galten Prepper als Eigenbrötler mit zweifelhafter politischer Gesinnung, die sich auf die Apokalypse vorbereiten. Wer hortet schon kubikmeterweise Dosenfleisch, Zwieback und Kalaschnikows im eigens errichteten Atomschutzbunker?

Seit Corona und erst recht jetzt liegt das Preppern jedoch voll im Trend. Ich selbst habe die Just-in-time-

Versorgung erweitert und in der Besenkammer Mineralwasser, Konserven, Kekse, Dosenbrot und andere haltbare Speisen eingelagert. Nicht ganz so viele, wie das Bundesamt für Bevölkerungsschutz und Katastrophenhilfe predigt, aber immerhin eine kleine Notration.

Die Übertragungsnetzbetreiber müssen ebenfalls preppern. Das liegt gewissermaßen in ihrer DNA. Wir erinnern uns: Im März 2020 klapperte man einen Drogeriemarkt nach dem anderen ab – überall war das Klopapier ausverkauft. So etwas sollte beim Strom besser nicht passieren. Und da die Lieferkette für Wind- und Solarstrom durchaus mal unterbrochen sein kann, ist Vorsorge wichtig. Da man Strom nur sehr schlecht mit hohen Verlusten speichern kann, sind dafür andere Instrumente erforderlich.

Dafür stehen mehrere verschiedene Vorratskammern zur Verfügung. Daily Business ist die sogenannte **Regelenergie**, die wir gerade am Beispiel der Obernbade- und Hilfsbademeister kennengelernt haben. Sie dient dazu, Unterdeckungen in der Strombilanz auszugleichen. Einfach ausgedrückt: Man hat beim Einkaufen den Zucker vergessen, also mopst man etwas aus der Vorratskammer – gleicht die Fehlmenge dann aber am nächsten Tag wieder aus. Richtiges Preppern ist das noch nicht.

Für die echte Vorratshaltung stehen drei weitere Instrumente mit unterschiedlichen Aufgaben zur Verfügung: die **Netzreserve**, die **Kapazitätsreserve** und die **Sicherheitsbereitschaft**.

Die **Netzreserve** wurde bereits im Jahr 2013 eingeführt. Sie wird oft auch als Winterreserve bezeichnet.

Das erinnert an Eichhörnchen oder Igel, hat damit aber nichts zu tun. Im Winter treffen zwei spezielle Witterungsbedingungen aufeinander. Einerseits steigt der Strombedarf unter anderem wegen der längeren Dunkelheit. All die Weihnachtsmärkte, Heimsaunen und Terrassenheizstrahler verbrauchen eben viel Energie. Andererseits bläst der Wind im Norden Deutschlands und auf See zu dieser Zeit oft ziemlich heftig. An neuralgischen Punkten im Stromnetz kommt es daher zum Stau. Das wiederum erhöht den sogenannten Redispatch-Bedarf.

Redispatch heißt: Der Windstrom kommt nicht durch die Engpässe vollständig durch, er steckt im Flaschenhals fest. Um das Spannungsniveau zu halten, müssen auf der anderen Seite des Engpasses konventionelle Kraftwerke einspringen, hauptsächlich in Baden-Württemberg und Bayern. Dafür muss man diese Reserve vorhalten. Klingt paradox, ist aber so. Die Netzreserve braucht man für Situationen, in denen es eigentlich zu viel (Wind)Strom gibt, nicht zu wenig. Da das Stromnetz aber immer weiter optimiert, verstärkt und ausgebaut wird, wird der Redispatch-Bedarf zumindest zwischen Nord- und Süddeutschland kontinuierlich sinken. Für den Winter 2024/25 wurde ein Bedarf von knapp 4,2 GW festgestellt.

Ein Ganzjahresvorrat ist dagegen die **Kapazitätsreserve**. Hier werden konventionelle Gaskraftwerke in Bereitschaft gehalten, wenn die Stromangebot und -nachfrage einmal nicht durch Regelenergie ausgeglichen werden können. Dann können die Systemführungen der Übertragungsnetzbetreiber die Kapazitätsreserve anfordern. Es handelt sich um ein neues Instrument, das erstmals in der Stromsaison 2020/21 zur Verfügung stand. Welches Kraftwerk an der Kapazitätsreserve teilnimmt, wird im Rahmen einer Ausschreibung im Umfang von maximal 2 GW ermittelt.

Der Hartkeks unter den Stromreservemitteln ist die **Sicherheitsbereitschaft**. Auch wieder so ein blödes Wort, weil es einen auf die falsche Fährte lockt. Das ist keine bewaffnete Geheimarmee! Es handelt sich um insgesamt acht Turbinen von Braunkohlekraftwerken mit einer Leistung von 2,7 GW, die 2016 stillgelegt wurden. Im Gegensatz zu den Gaskraftwerken aus der Kapazitätsreserve dauert es aber ziemlich lange, bis man an diese Notration herankommt. Das ist also wirklich der dreifach eingeschweißte »Panzerkeks«, auf den man nur in der allergrößten Not zurückgreifen will. 10 Tage haben die Kraftwerksbetreiber Zeit, ihre Anlagen wieder flott zu machen und den Netzbetreibern diese entsprechende Leistung zur Verfügung zu stellen.

Weder die Kapazitätsreserve noch die schwerfällige Sicherheitsbereitschaft mussten bisher angefordert werden. Daher soll die Sicherheitsbereitschaft, die hohe Kosten verursacht und im Ernstfall nur bedingt Versorgungsengpässe beseitigen kann, 2023 endgültig auslaufen.

Summa summarum steht über den großen Daumen gepeilt in Deutschland eine Kraftwerksleistung von über 16 GW zur Verfügung, um in bestimmten Situationen Schwankungen in der Stromversorgung auszugleichen. Kapazitäten im Ausland, die im Sinne freundschaftlicher Nachbarschaftshilfe auch noch angezapft werden können, sind nicht inbegriffen. Der Stromvorrat des Systems entspricht damit rund 5 % der gesamten Stromerzeugungskapazität und damit gefühlt dem ganz normalen Preppern im häuslichen Alltag.

4.6 Geisterstrom und Flaschenhälse

Kritiker der Energiewende prangern häufig »Geisterstrom« an. Damit meinen sie Strom aus Windkraftanlagen, die bei Sturm stillstehen. Dabei empört sie, dass die Betreiber dieser Anlagen dafür auch noch eine Entschädigung erhalten, immerhin Hunderte Millionen Euro pro Jahr. Prozentual entfallen fast 80 % der Abregelungen auf Windräder in Schleswig-Holstein und Niedersachsen beziehungsweise vor deren Küsten in der Nordsee.

Auf den ersten Blick ist die Empörung verständlich. Warum sollen die Kunden für etwas bezahlen, was nicht erzeugt und somit nicht genutzt wurde? Auf den zweiten Blick muss man jedoch zugeben, dass in vielen Bereichen unserer Volkswirtschaft Kosten dadurch entstehen, dass Angebot und Nachfrage nicht immer komplett austariert werden können. Im meistens etwas versteckt liegenden rückwärtigen Mülltonnenbereich eines Supermarktes kann man das sehr anschaulich besichtigen. Dort fallen jeden Tag Geistertomaten, Geisterbrote und sogar Geisterwürste an. Das ist zwar ethisch fragwürdig, aber kaum zu vermeiden, wenn die Ladentheke immer gefüllt sein soll. Niemand kann ganz exakt prognostizieren, wie viele Waren im Laufe eines Tages verkauft werden. Der Unterschied zum Strom: Es gibt keine Bundestomaten-, Bundesbrot- oder Bundeswurstagentur, die diese Verluste ausrechnet und transparent veröffentlicht. Das wird im Warenpreis einfach versteckt.

Aber nun zur eigentlichen Frage: Warum muss man Windräder abregeln und Kraftwerksbetreiber entschädigen? Es ist doch eigentlich gut, wenn es kräftig stürmt und die Windräder auf Volldampf rotieren. Der Grund für das Abregeln ist, dass die Stromleitungen von Nord nach Süd leider (noch) nicht so ausgebaut sind, dass sie diese großen Mengen Windstrom vollständig abtransportieren können. Es bildet sich ein Flaschenhals, vor dem sich der Strom quasi staut. Und da Stau auf Stromautobahnen, wie wir schon ganz am Anfang lernten, zu einer Überlastung respektive Überhitzung von Leitungen führt, muss man rechtzeitig dafür sorgen, dass erst gar kein Stau entsteht. Man könnte dieses System mit etwas Wohlwollen auch als großräumige Verkehrslenkung bezeichnen.

Vielleicht gar kein schlechter Gedanke. Man könnte dieses System des sogenannten **Engpassmanagements** ausweiten auf den Autoverkehr. Sobald sich in Bayern zu Beginn der Sommerferien in Nordrhein-Westfalen ein Stau bildet, dürfen die Hamburger nicht mehr mit dem Auto losfahren. Ihre Fahrzeuge werden per Fernsteuerung blockiert. Stattdessen bekommen sie eine kleine finanzielle Entschädigung vom Umweltbundesamt ... Interessantes Gedankenspiel.

Nun zum Thema. Bei Stauvermeidung im Stromsektor spielt ein Begriff eine zentrale Rolle: **Redispatch.** Was hat es damit auf sich? Fangen wir chronologisch und historisch an. Wer ein Kraftwerk betreibt, musste bisher der zuständigen Leitwarte im Übertragungsnetzgebiet – davon gibt es in Deutschland vier – täglich bis 14:30 Uhr den Einsatzfahrplan für den Folgetag mitteilen. Das nennt sich in der Kraftwerkssprache **Dispatch**. In diesem Plan steht, von wann bis wann und mit welcher Last das Kraftwerk Strom produzieren wird. Der Fahrplan beruht auf einer betriebswirtschaftlichen Berechnung. Der Kraftwerksbetreiber will seine Anlage nur dann laufen lassen, wenn er den Strom auch gut verkaufen kann.

Im nächsten Schritt summierten die Systemführungen in den Leitwarten alle eingereichten Fahrpläne und erstellten eine Lastflussberechnung. Sie zählten also die geplanten Ein- und Ausspeisungen des Stroms zusammen und schauten genau hin, in welchen Netzabschnitten es aufgrund dieser Planungen zu Überlastungen kommen konnte. An dieser Stelle trafen also Markt und Physik knallhart aufeinander.

Noch einmal bemühe ich das Beispiel des Tomatenmarktes. Wenn Oma Krause auf dem Markt einen Zentner Tomaten für den nächsten Tag bestellt, dann muss sie ihren Kunden diese Ware auch liefern können. Aber was tun, wenn der Tomatenlaster im Stau steht und die ersehnte Fuhre ausbleibt? Bei Tomaten wäre das nicht so schlimm. Oma Krause würde mit den Achseln zucken und ihre Kunden um Geduld bitten. Beim Strom allerdings wäre es sehr schlimm: Bestellter

Strom, der nicht geliefert werden kann, würde zu einer Störung im Gesamtsystem führen, weil Angebot und Nachfrage nicht mehr im Gleichgewicht sind. Es müssen dann unter allen Umständen Tomaten von dort herangekarrt werden, wo es keinen Stau gibt.

Beim Strom löst man dieses Problem so, indem man die Erzeugungsanlagen VOR dem Stau oder Engpass herunterregelt, um die Leitungen vor Überlastung zu schützen. Gleichzeitig weist man Erzeugungsanlagen HINTER dem Stau an, ihre Stromproduktion hochzufahren, damit die bereits verkauften Strommengen auch wirklich geliefert werden können. Das nennt man dann Redispatch. Man greift also in den Fahrplan der Kraftwerke von außen ein.

In der Vergangenheit waren in dieses System nur große Anlagen mit einer Leistung von mehr als 10 MW eingebunden, also Kraftwerke oder Speicher. Große Windparks wurden vor dem Engpass abgeregelt, Kohle-, Gas- oder Pumpspeicherkraftwerke hinter dem Engpass zugeschaltet. Um dieses mit hohen Kosten verbundene System effizienter zu gestalten, wurde es gesetzlich geändert und erhielt einen flotten Namen: **Redispatch 2.0**.

Zukünftig sollen in dieses Ausgleichssystem sämtliche Kleinanlagen eingebunden werden, die über eine Leistung von nur noch 100 kW oder mehr verfügen. Das sind zum Beispiel zahllose Blockheizkraftwerke in Wohnsiedlungen, Krankenhäusern oder Industriebetrieben. Ebenso können auch Windkraft- oder Solaranlagen über eine Fernsteuerung zugeschaltet werden, wenn sie zur Beseitigung eines Engpasses gerade Strom liefern können. Das neue System erfordert einen intensiven Datenaustausch zwischen den Betreibern dieser Anlagen, den über 900 regionalen Netzbetreibern in Deutschland und den großen Übertragungsnetzbetreibern. Sie sind weiterhin dafür verantwortlich, dass alles reibungslos funktioniert.

Ziel dieses komplexen Prozesses ist, dass zukünftig insgesamt weniger Entschädigungen für die Abregelungen von Windkraftanlagen gezahlt werden müssen. Man legt also nicht mehr den kostspieligen großen Notfallhebel um, sondern tariert das System über eine Vielzahl kleinerer Eingriffe aus. Außerdem bezieht man die erneuerbaren Energien selbst mit ein, anstatt deren Überproduktion ausgerechnet durch fossile Brennstoffe zu »heilen«. Ein wenig erinnert Redispatch 2.0 an die Fortschritte in der Medizin: Anstatt den großen Bauchschnitt bei einer Operation anzusetzen, geht man jetzt endoskopisch minimalinvasiv im Schlüssellochverfahren vor.

4.7 Zugenähte Hühnerhintern

Das wichtigste Gesetz, um den Ausbau der erneuerbaren Energien zur Stromerzeugung voranzubringen, ist das Erneuerbare-Energien-Gesetz. Bei diesem Gesetz muss ich oft an eine Episode aus meinem früheren Berufsleben denken.

Im Frühjahr 1990 heuerte ich für einige Monate bei einer neu gegründeten Lokalzeitung in Eisenach in

Thüringen an. Eine aufregende Zeit für einen jungen West-Journalisten, der die DDR bis dahin nur über regelmäßige Verwandtenbesuche kannte. Seltsame Gestalten zogen durchs Land und machten sehr seltsame Geschäfte. In der Luft lag eine Mischung aus Aufbruch und Angst. Wer konnte, brachte irgendwie seine Schäfchen ins Trockene. Und jeden Tag drang die Marktwirtschaft weiter in den Alltag der Menschen ein und raubte ihnen Stück für Stück ihre vertraute Sicherheit.

Eines Tages stand eine kleine Gruppe von Bürgerinnen und Bürgern aus dem Örtchen Madelungen in der Redaktionsstube der »Eisenacher Presse«. Sie zeigten mir einen Brief der Konsum-Genossenschaft, der ihnen ins Haus geflattert war. Darüber waren sie aufgebracht. Die Konsums waren vor allem in den Dörfern für die Versorgung der Bevölkerung mit Lebensmitteln und Dingen des täglichen Bedarfs zuständig. Dazu gehörten auch Hühnereier.

Weil die Nachfrage nach Eiern durch die landwirtschaftlichen Produktionsgenossenschaften (LPG) nicht gedeckt werden konnte, kam das SED-Zentralkomitee in Berlin Mitte der 1980er-Jahre auf eine vermeintlich geniale Idee zur Verbesserung der Versorgungslage. Die Dorfbevölkerung wurde zur privatwirtschaftlichen Hühnerhaltung animiert, indem man für jedes Ei die Abnahme zu einem Fixpreis garantierte. Folglich stieg der Bestand an legefähigen Hühnern sprunghaft an. Überall in den Dörfern gackerte es. Allein im Dorf Madelungen gab es 40 private Hühnerhalter mit bis zu 70 Hühnern auf dem Grundstück. Sie lieferten 1988 laut Eingangsbuch des »VEB Obst, Gemüse, Speisekartoffeln« 110.000 Eier ab und erhielten dafür pro Kilo 6,40 Mark Vergütung sowie kostenloses Futter für die Hühner. Für dieselbe Menge Eier musste man im Konsum aber nur 5,70 Mark bezahlen. Die positive Folge: In den Kaufhallen gab es immer frische und leckere Eier. Die negative Folge: der »Eierberg« in der DDR war – obwohl Ostern vor der Tür stand – im April 1990 auf über 30 Millionen Stück angewachsen.

Zu diesem Zeitpunkt waren die Chefkader im Berliner Landwirtschaftsministerium längst von ihren Posten entfernt worden. Ihre Nachfolger in der Leitung, von West-Beratern auf betriebswirtschaftliche Effizienz getrimmt, schafften sofort die Eier-Abnahmegarantie ab. Per Post teilten sie den Hühnerhaltern in den Dörfern mit, dass ab sofort keine Eier mehr aufgekauft würden. Zu den Madelungern, die bei mir in der Redaktion standen, gehörte auch die Bürgermeisterin Cornelia Müller. Sie sagte: »Da werden wohl jetzt etliche Köpfe rollen. Man kann den Hühnern ja nicht den Hintern zunähen.«

Logisch: Dieser Satz war am nächsten Tag die Headline meines Zeitungsartikels. Und in den Dörfern aß man eine Weile lang sehr viel Hühnerfrikassee.

Wie komme ich nur auf diese Geschichte? Ach ja. Am 7. Dezember 1990, also nur wenige Monate nach der Wiedervereinigung, wurde das sogenannte »Stromeinspeisegesetz« vom Deutschen Bundestag verabschiedet. Es war das erste Ökostromeinspeisegesetz der Welt. Zehn Jahre später wurde es abgelöst durch das EEG. Und nu gucke mal da: Stromeinspeisegesetz und EEG wurden nach einem ähnlichen Prinzip wie der volkseigene Eierkauf gestrickt.

Das geht so: Man bietet Geld, damit Menschen etwas produzieren, was sie unter normalen Umständen nicht produzieren würden, weil es sich nicht lohnt. Ob es sich dabei nun um Eier handelt oder Strom aus erneuerbaren Energien. Dazu ist man zunächst bereit, Ware zu höheren Preisen staatlich anzukaufen, als man beim Wiederverkauf erzielen kann. Dadurch entsteht natürlich ein Loch in der Kasse. Dieses Loch gleicht man aus, indem man bei (fast) allen Verbraucherinnen und Verbrauchern eine Umlage erhebt. Da soll noch mal einer sagen, die BRD hätte nichts von der DDR gelernt.

Wie bei den Hühnereiern lief dieses Modell auch beim Ökostrom zunächst sehr vielversprechend und geregelt an. Kein Wunder: Wer Anfang der 2000er-Jahre selbst Solarstrom auf dem eigenen Hausdach erzeugte, bekam dafür 20 Jahre lang eine garantierte Vergütung von über 50 Cent/kWh. Also mehr als doppelt so viel, wie man als Privatkunde für Strom bezahlen musste. Die Idee war, diese Garantievergütung im Gleichklang mit den sinkenden Preisen für Solarmodule Jahr für Jahr um 5 % zu reduzieren, bis sie irgendwann nicht mehr nötig sein würde. Das nannte man »Degression«. Ähnlich sollte es auch bei der Windenergie laufen.

Allerdings hatte man die Rechnung ohne Asien gemacht. Um das Jahr 2009 herum hatte die chinesische Wirtschaft genug Know-how angesammelt und startete mit Dumpingpreisen einen Kampf um die

Vorherrschaft auf diesem neuen Markt. Die Preise für Solarmodule purzelten – und damit stieg natürlich die Gewinnspanne für alle, die sich eine Solaranlage aufs Einfamilienhaus, die Scheune oder den Acker montieren ließen. Dieser Boom hatte gravierende Auswirkungen. Einerseits machte die Ökostromerzeugung einen großen Sprung nach vorne (positiv), anderseits galoppierten die Kosten für die Einspeisevergütungen davon (negativ) und die EEG-Umlage auf der Stromrechnung beanspruchte einen immer größeren Anteil.

2012 kündigte der damalige Bundesumweltminister Peter Altmaier von der CDU deshalb eine »Strompreisbremse« und Maßnahmen zur Energieeffizienz an, die er übers Wochenende auf einen Zettel gekritzelt und dann der Presse präsentiert hatte. Er warnte davor, dass die Energiewende bis 2030 bis zu eine Billion Euro kosten könnte, und forderte drastische Gegenmaßnahmen. Und so geschah es auch. Die EEG-Garantievergütungen für PV-Anlagen wurden unter 20 Cent/kWh gedrückt.

Das war ein harter Schnitt für alle, die sich an das bequeme Vergütungsmodell gewöhnt hatten. Die in Deutschland entstandene Solarindustrie konnte mit den asiatischen Kampfpreisen nicht mehr mithalten und ging den Bach runter. Erinnert sich noch jemand an Solon, First Solar, Conergy, Q-Cells, Odersun, Schott-Solar, Centrosolar, Solarwatt, Sovello oder Inventux? Viele tausend Arbeitsplätze, gerade im Osten Deutschlands, gingen in dieser »Hoffnungsindustrie« verloren.

Damit war das Kostenproblem aber noch nicht gelöst. Denn auch Biogas und Windenergie bekamen feste Einspeisevergütungen. Und mit jeder erzeugten Kilowattstunde Strom stiegen auch hier die Kosten. Also wurde die Expansion der Biogasanlagen – einhergehend mit immer mehr Maisfeldern – gedeckelt. Und bei der Windenergie vollzog schließlich der damalige Wirtschaftsminister Sigmar Gabriel von der SPD, auch nicht um markige Sprüche verlegen, den Paradigmenwechsel. »Die Windenergie braucht keinen Welpenschutz mehr«, sagte er 2016 bei der WindEnergy-Messe in Hamburg, »sie muss sich den Herausforderungen des Marktes stellen.«

Seit 2017 heißt die Einspeisevergütung für Windkraftanlagen daher verklausuliert »Marktprämie« und wird nach einem komplizierten Modell ermittelt und ausgezahlt. Damit der Ausbau der Erneuerbaren besser gesteuert werden kann, führt die Bundesnetzagentur jetzt mehrmals jährlich Ausschreibungen durch. Betreiber von Windparks oder großen Photovoltaikanlagen müssen sich an einer Auktion beteiligen. Wer mit seinem Gebot unter einer gewissen Schwelle bleibt, bekommt den Zuschlag und darf bauen und erzeugen – alle anderen müssen bei der nächsten Auktion ihr Glück versuchen. Außerdem wurden Ausbaupfade für Wind- und Solarenergie festgelegt, damit die Erzeugungskapazitäten und die Netzinfrastrukturen sich einigermaßen im Gleichklang entwickeln.

Wahnsinnig kompliziert das alles. Und das spiegelt sich auch in den Gesetzestexten wider. Das Stromeinspeisegesetz von 1990 umfasste lediglich fünf Paragrafen und war eine Seite lang. Das EEG aus dem Jahr 2000 hatte bereits zwölf Paragrafen und umfasste fünf Seiten. Die 7. Novelle des EEG von 2020 – und jetzt einmal tief durchatmen und dann festhalten! – hat insgesamt 105 Paragrafen und umfasst 62 Seiten. Plus 116 Seiten Anhänge.

Schon 2014 schrieb der damalige FAZ-Korrespondent und Energieexperte Andreas Mihm: »Das EEG-Monster lebt.« Heute kann man hinzufügen: Das Monster erfreut sich bester Gesundheit. Mich erinnert es an einen Porsche Carrera, den man zunächst mit Heckspoiler und Turboantrieb ausgestattet hatte, dann den Motor von 250 auf 50 PS drosselte und jetzt noch Stummelflügel anschraubte in der Hoffnung, er könne womöglich fliegen. Insgeheim hofft man jedoch nur, dass er den nächsten TÜV übersteht.

Ob das EEG trotz alledem ein gutes oder ein schlechtes Gesetz ist, darüber kann man trefflich streiten. Für die einen war es das Ei des Kolumbus, mit dem die Erneuerbaren ihren Siegeszug rund um die Welt antraten. In 84 Staaten gibt es inzwischen ähnliche Einspeisegesetze, und Wind und Sonne produzieren heute auch in Deutschland zu niedrigen Preisen Strom. Andere Fachleute, insbesondere Ökonomen, hätten es bevorzugt, wenn man ausschließlich über kontinuierlich steigende Preise für CO_2-Emissionen den Markt für Erneuerbare angereizt hätte. Hätte, hätte – Fahrradkette.

Vielleicht ist dies die Moral von der Geschichte um Eier und Erneuerbare: Sozialismus ist die großartigste Sache der Welt. Allerdings sollte man rechtzeitig damit aufhören. Und mit der EEG-Umlage auf der Stromrechnung soll 2022 Schluss sein. Die garantierten Einspeisevergütungen bleiben jedoch bestehen, sie werden dann aus dem Bundeshaushalt finanziert.

4.8 Und die Sünder müssen zahlen

Ein wichtiger Unterschied zwischen Kapitalismus und Sozialismus besteht darin, dass man im Kapitalismus häufig mit Sofortkasse bezahlen muss, während beim Sozialismus die Rechnung mit sehr viel Verspätung ankommt. Oftmals zu spät, wie das Eierbeispiel gezeigt hat.

Viele Ökonomen haben sich daher mit dem Erneuerbaren-Energien-Gesetz von Anfang an schwergetan. Sie sahen darin viel zu viel bürokratische Staatssteuerung und viel zu wenig Marktanreize. Und in der Tat hat die Politik nach und nach versucht, in das relativ starre Fördermodell mehr Elemente von Wettbewerb einzubauen. Aber das kennt man ja vom Auto. Eine zwanzig Jahre alte Karre wird auch nicht zum Neuwagen, wenn man neue Felgen aufzieht und den Auspuff wechselt.

Daher hat das EEG noch eine Art marktwirtschaftliches Gegenstück erhalten, das ebenfalls die Reduzierung von Treibhausgasen zum Ziel hat. Seit 2005 gibt es in ganz Europa den sogenannten ETS, den Handel mit Emissionszertifikaten. ETS steht für Emissions Trading System. An diesem Handelssystem müssen etwa 11.000 Anlagen der Energiewirtschaft und Industrie und auch der Luftverkehr teilnehmen, die für rund 40 % aller Treibhausgasemissionen in Europa verantwortlich sind. Mit rund zwei Drittel der Emissionen machen also Kraftwerke, Heizkraftwerke und Heizwerke mit ihrer Verbrennung von Kohle, Gas und Öl den größten Anteil aus.

Für jede dieser Sektoren werden Emissionsobergrenzen festgesetzt (»Caps«). Die einzelnen EU-Mitgliedsstaaten geben auf dieser Basis an ihre Unternehmen Berechtigungsscheine aus, wie viel Treibhausgase sie in Relation zur absoluten Obergrenze ausstoßen dürfen. Hat ein Unternehmen zu viele Scheine, kann es sie an andere Unternehmen verkaufen, die zu wenige haben (»Trade«). Die Idee dahinter ist, die Menge der Scheine nach und nach zu reduzieren, sodass es immer teurer wird, CO_2 oder andere klimaschädlichen Gase auszustoßen.

Man könnte das auch in einer Hausgemeinschaft durchexerzieren. Unten im Hof stehen die Mülltonnen, die mit einem Schloss und einem Code gesichert sind. Jede Mietpartei bekommt am Monatsanfang zehn Gutscheine, um ihre Müllbeutel reinzuschmeißen. Pro Müllbeutel muss man fünf Euro zahlen, nach jedem Einwurf wird ein Gutschein entwertet. Reichen die Beutel nicht aus, könnte man bei den umweltbewussten Öko-Nachbarn mal klingeln, ob sie einem ein paar Gutscheine verkaufen. Ein Jahr später verteuert die Hausverwaltung die Müllbeutel und reduziert außerdem die Menge. Plötzlich bekommt man nur noch fünf Beutel und muss für jeden 10 Euro bezahlen. Jetzt geht es beim Mülldeal mit den Nachbarn ans

Eingemachte. Die wollen jetzt 15 Euro pro Müllbeutel haben – weil auch sie sich ins Zeug legen müssen, mit der zugeteilten Menge Beutel auszukommen. Und für einen selbst ist es jetzt ein Anreiz, mit Mülltrennung und Müllreduzierung ernst zu machen. Sonst zahlt man sich dumm und dämlich.

Ganz genauso funktioniert der ETS. In der Startphase war die EU allerdings sehr großzügig damit, kostenlose Verschmutzungsrechte in die Wirtschaft zu bringen. 95 % aller Zertifikate erhielten die Unternehmen kostenlos, nur wenige Kohlekraftwerksbetreiber mussten auf dem Markt Verschmutzungsrechte dazukaufen. Und die waren billig, die Tonne CO_2 kostete teilweise drei Euro. Erst als in der zweiten, dritten und nunmehr vierten Handelsperiode immer mehr Berechtigungsscheine dem System entnommen und außerdem die Obergrenzen abgesenkt wurden, kletterten die Preise pro Tonne CO_2 stetig an. Seit 2018 gibt es nur noch eine Richtung – steil nach oben. Mittlerweile werden an der Börse Preise von über 60 Euro erzielt.

Das System hat sich mittlerweile als effizient erwiesen, die Treibhausgasemissionen europaweit zu reduzieren. Es ist preiswerter, in neue klimafreundliche Technologien zu investieren, als die teuren Zertifikate zu erwerben. In Deutschland ging der CO_2-Ausstoß der Anlagen seit Beginn des ETS um etwa 38 % zurück, europaweit sogar um 43 %.

Es hat sich also gezeigt, dass das eher planwirtschaftliche EEG und der marktwirtschaftliche ETS sich durchaus ergänzen können. Das EEG hat dazu geführt, dass Windkraft- und Photovoltaikanlagen heute überhaupt in der Lage sind, kostengünstig und damit wettbewerbsfähig Strom zu erzeugen. Und der ETS setzt die Unternehmen unter Druck, unter anderem auf diese Technologien bei der sogenannten Dekarbonisierung ihrer Prozesse zurückzugreifen. Wer hätte das gedacht: Sozialismus und Kapitalismus in friedlicher Koexistenz in einem Boot.

5 Der Strom und die Paragrafen

5.1 Meine Top 10 des Energierechts

Manchmal habe ich das Gefühl, nur weil man Strom nicht sehen, riechen, hören oder schmecken kann, braucht es besonders viele Paragrafen, um ihn irgendwie in den Griff zu bekommen. Die Flüchtigkeit dieses merkwürdigen Produktes, das nur beim Anlegen einer Spannung zwischen Minus- und Pluspol vorhanden ist, steht in auffälligem Kontrast zur Fülle an Gesetzen, mit dem die Erzeugung, der Transport, der Handel und auch der Verbrauch von Strom geregelt wird. Die berühmt-berüchtigte »Energiesparlampenverordnung« der EU, über die sich viele Leute lange aufregten, ist da noch ein relativ nebensächliches Gesetzeswerk.

Energierecht ist heute also fast so wichtig wie die Energie selbst. Doch im Gestrüpp der Richtlinien, Gesetze und Verordnungen kennen sich nur noch Spezialjuristen aus. Die nennen sich dann auch standesgemäß Energierechtler. Jeder weiß aus eigener Erfahrung: Wo viele Juristen am Werk sind, da wird sehr, sehr gründlich nach jeder noch so kleinen Gesetzeslücke gesucht. Auf der einen Seite versuchen Juristen, diese Lücken mit neuen Paragrafen zu schließen. Und auf der Gegenseite versuchen andere Juristen, genau diese Lücken zu finden und auf dieser Basis das eine oder andere Windrad oder eine Stromleitung im

Auftrag ihrer Mandanten zu verhindern. Es ist also ein wenig wie beim Wettlauf von Hase und Igel.

Während das Energierecht also wächst und gedeiht, versuche ich mich an seiner Reduzierung. Energierechtler werden die Haare raufen. Sei es drum. Hier kommt es, mein Top 10-Ranking der wichtigsten Energiegesetze.

Top 1. Das Energiewirtschaftsgesetz (EnWG)

Dieses Gesetzeswerk stammt in seiner ursprünglichen Fassung aus dem Jahr 1935. Es beinhaltet heute das magische Fünfeck der leitungsgebundenen Strom- und Gasversorgung. Diese muss sicher (1), preisgünstig (2), verbraucherfreundlich (3), effizient (4) und umweltverträglich (5) organisiert sein. 1998 und 2005 wurde das EnWG umfassend neu geregelt und an die Erfordernisse des europäischen Marktes angepasst. Seither spielen faire Wettbewerbsbedingungen, der Ausgleich von Angebot und Nachfrage, die freie Preisbildung sowie die Stärkung des europäischen Binnenmarktes eine zentrale Rolle in dem Gesetzeswerk. Auch die Rolle des Klimaschutzes wird immer wichtiger. Jedes Jahr wird am EnWG herumgewerkelt, damit erinnert es ein wenig an den Kölner Dom. Der ist auch seit 800 Jahren eine Dauerbaustelle.

Top 2. Das Erneuerbare-Energien-Gesetz (EEG)

Dieses Instrument soll vor allem dazu dienen, den Klimaschutz im Stromsektor durch die Förderung bestimmter Technologien zur Erzeugung von Strom aus erneuerbaren Energiequellen voranzubringen. Dazu wurden Ziele definiert. Zum Beispiel 65 % Anteil erneuerbare Energien am Bruttostromverbrauch bis

2030. Und bis 2050 »Treibhausgasneutralität« des Stromsektors. Die Geschichte des EEG habe ich im Zusammenhang mit der spätsozialistischen Eierproduktion in der DDR bereits gewürdigt.

Top 3. Windenergie-auf-See-Gesetz (WindSeeG)

Vom Alter her ist es das Kleinkind unter den Energiegesetzen. Es hat erst 2016 als maritimer Wurmfortsatz des EEG das Licht der Welt erblickt und wird auch schon eifrig novelliert. 2020 hat der Deutsche Bundestag eine Erhöhung des Ausbauziels für Offshore-Windenergie in der deutschen Nord- und Ostsee beschlossen. 20 GW bis 2030 (bisher 15 GW) und 40 GW bis 2040. Zwei Jahre später wurde die Latte nochmals höher aufgelegt: 30 GW bis 2030 und 70 GW bis 2045.

Top 4. Kraft-Wärme-Kopplungsgesetz (KWGG)

Kaum beachtet und daher ein klein wenig das Aschenputtel im Schatten des EEG ist das Gesetz zur Förderung der Kraft-Wärme-Kopplung. KWK ist die gleichzeitige Erzeugung von Strom und Wärme in einem einzigen Prozess. Das ist effizient, weil weniger Primärenergie aus fossilen Brennstoffen (Kohle, Öl, Erdgas) oder erneuerbaren Brennstoffen (Biomasse, Biogas) erforderlich ist als bei einer getrennten Nutzung in (Strom)Kraftwerken und Heizungen.

Im KWKG sind die komplexen Förderungen und Einspeisevergütungen für große Heizkraftwerke mit angeschlossenen Fernwärmenetzen geregelt, für Prozesswärmeanlagen in Industriebetrieben und auch für Blockheizkraftwerke für Wohnquartiere oder im Miniformat für Ein- oder Mehrfamilienhäuser. Das ist weniger sexy als drehende Windräder oder idyllisch in der Sonne glänzende PV-Anlagen. Aber KWK ist tatsächlich eine Technologie der Sektorkopplung an der Schnittstelle von Strom und Wärme und daher durchaus zukunftsfähig.

Top 5: Energieleitungsausbaugesetz (EnLAG)

Dieses Gesetz war die gesetzgeberische Konsequenz aus dem Erneuerbaren-Boom gegen Ende der 2000er-Jahre herum. Während der Ausbau der Stromübertragungsnetze stagnierte, jagte bei der Installation von Windrädern und Solarstromanlagen ein Rekord des nächsten. Daher wurde für 22 Höchstspannungsleitungen ein »vordringlicher Bedarf« und ein »überragendes öffentliches Interesse« festgelegt, das in Planfeststellungsverfahren zu berücksichtigen sei. Auch wurde die Möglichkeit von Erdkabeln gesetzlich festgeschrieben. Insgesamt wurde 2009 im EnLAG ein Ausbaubedarf für 1.831 Kilometer Höchstspannungsleitungen festgelegt, davon ist über die Hälfte der Leitungen inzwischen in Betrieb.

Top 6: Netzausbaubeschleunigungsgesetz (NABEG)

Schon kurz nach Inkrafttreten des EnLAG stellte sich heraus, dass diese Grundlagen für eine leistungsfähige Stromnetzinfrastruktur nicht ausreichen. Also wurde 2011 ein gesetzgeberischer Turbo gezündet – das Netzausbaubeschleunigungsgesetz (NABEG). Es hebelt bei bundesländer- und grenzüberschreitenden Leitungsprojekten genehmigungsrechtliche Kompetenzen von Länderbehörden aus und überträgt sie an die Bundesnetzagentur (BNetzA). Das gilt zum Beispiel für komplexe Raumordnungsverfahren. Die BNetzA hat seitdem eine zentrale Rolle bei der Genehmigung von Netzinfrastrukturprojekten auf der Übertragungsnetzebene. So richtig flott ging es mit dem Netzausbau aber trotzdem nicht voran.

Top 7: Bundesbedarfsplangesetz (BBPlG)

In diesem Gesetz bzw. dem Bundesbedarfsplan im Anhang wird ganz konkret Projekt für Projekt zu Papier gebracht, welche Leitungen, Umspannwerke oder Großtechnologien erforderlich sind. Der Weg zum Bundesbedarfsplan und zum entsprechenden Gesetz führt über ein mehrstufiges Verfahren. Zunächst erstellen die Übertragungsnetzbetreiber gemeinsam einen Szenariorahmen, die BNetzA überprüft ihn und es folgen Konsultationen, bei denen die Öffentlichkeit fachlich Stellung nehmen kann. Im Anschluss wird alles im Netzentwicklungsplan Strom verdichtet, der Vorstufe zum Bundesbedarfsplan. Das Gesetzgebungsverfahren zum Bundesbedarfsplan ist ein fortlaufender Prozess, der irgendwann jedoch ans Ende kommen muss. Dann gibt es ein sogenanntes Zielnetz, das nicht weiter ausgebaut, sondern nur noch professionell betrieben, regelmäßig gewartet und hin und wieder modernisiert werden muss. Bis dahin ist es aber noch ein weiter Weg.

Top 8: Umweltverträglichkeitsprüfungsgesetz (UVPG)

Dieses Gesetz soll sicherstellen, dass vor einer Baumaßnahme die Auswirkungen auf die Umwelt genauestens untersucht werden, damit die zuständigen Behörden gute Entscheidungsgrundlagen haben. Beim Netzausbau sind strategische Umweltprüfungen (SUP) und einfache Umweltverträglichkeitsprüfungen (UVP) erforderlich. Wer eine Stromleitung errichten will, muss in Umweltberichten Trassenalternativen und deren Umweltauswirkungen aufzeigen und die Auswirkungen des Projektes auf Menschen, Tiere, Pflanzen, die biologische Vielfalt, Luft, Landschaft, den Boden, das Wasser, Klima sowie auf Kulturgüter darstellen. Versagt die zuständige Umweltbehörde eine Genehmigung, muss der Verlauf der Stromleitung und möglicherweise dessen Konfiguration umgeplant werden. Dann geht wieder viel Zeit ins Land.

Top 9: Bundesimmissionsschutzgesetz (BImSchG)

Auch dieses Gesetz hat den Schutz von Mensch, Tier und Natur zum Inhalt, aber mit einem etwas zugespitzten Fokus. Hier geht es um die Vermeidung schädlicher Einwirkungen, zum Beispiel durch giftige Chemikalien oder Fluglärm. Beim Stromnetzausbau spielen die 26. Bundesimmissionsschutzverordnung und deren Anlage eine wichtige Rolle. Darin ist die zulässige Höchstbelastung durch elektrische und magnetische Felder geregelt und welche Grenzwerte bei bestimmten Frequenzen einzuhalten sind. Das BImSchG greift aber auch beim Bau oder Ausbau von Umspannwerken. In solchen Fällen geht es aber weniger um elektrische und magnetische Felder, sondern eher um brummende Transformatoren oder den Schutz des Grundwassers im Falle von Leckagen.

Top 10: Bundesnaturschutzgesetz (BNatSchG)

In diesem Gesetz haben Rotmilane, Zauneidechsen und Feldhamster ihre Heimat. Da diese Tierchen ihre eigenen Interessen nicht so gut artikulieren können, müssen das andere für sie erledigen, in der Regel Bürgerinitiativen oder Naturschutzverbände. Wer eine Stromleitung oder einen Windpark errichten will, muss zuvor eine Artenschutzprüfung im Rahmen des Bundesnaturschutzgesetzes bzw. der jeweiligen Landesgesetze vornehmen. Zusätzlich ist eine Natura2000-Prüfung erforderlich, falls ein Vorhaben ein europäisches FFH-Gebiet (Flora-Fauna-Habitat) oder ein Vogelschutzgebiet tangiert. Ziel des Gesetzes ist, in ihrem Bestand bedrohte Tier- und Pflanzenarten zu schützen. Doch manchmal werden die seltenen Tierchen für den eigenen Zweck missbraucht, zum Beispiel wenn Menschen ein größeres Bauwerk in ihrer Nachbarschaft verhindern möchten. Glücklich ist, wer da eine Schlingnatter oder einen Juchtenkäfer vorweisen kann. Da steht der Bagger schneller still, als er anrücken kann.

5.2 Belohnung statt Prügel

Jahrhundertelang dominierte in der Erziehung die autoritäre »schwarze Pädagogik«. Ich selbst kann mich noch an meine Musiklehrerin aus der Grundschule erinnern, die mir die Ohren lang zog, wenn ich mit der Triangel den Takt verfehlte. Gefühlt befanden sich die Ohren immer kurz vor dem Fußboden. Das hat mein Verhältnis zur Musik nachhaltig geprägt.

Dann folgte eine revolutionäre Phase, in der das antiautoritäre Prinzip und damit die »weiße Pädagogik« die Oberhand gewannen. Plötzlich sprachen Eltern mit ihren dreijährigen Kindern wie mit Soziologiestudenten im 22. Semester. »Du, Paul-Maurice. Wenn du Marie-Luise mit der Gießkanne haust, dann gehst du mit ihr sehr stark in einen patriarchalen Diskurs. Vielleicht könntest du versuchen, deine Aggressionen in einem Anti-Gewalt-Training aufzulösen.« Selbstverständlich haben Paul-Maurice und Marie-Luise weiterhin gehauen, gespuckt und vors Schienbein getreten.

Darauf folgte in einem dialektischen Prozess aus These und Antithese die pädagogische Synthese. Und die heißt: Belohnen und Bestrafen. Aber wie funktioniert diese ultramoderne Erziehungsmethode? Die Grundmechanik ist simpel: Man stellt einfach eine Belohnung in Form von Geld in Aussicht. Dafür erwartet man als Gegenleistung, dass der Nehmende das tut, was man von ihm verlangt. Zum Beispiel die Stromnetzinfrastruktur so aufzupeppen, dass darüber ganz viel Strom aus Erneuerbaren sicher und zuverlässig transportiert werden kann. Erfüllt der Nehmende diese Verpflichtung nicht, verdient er kein Geld und geht Pleite. Das wäre dann das strafende Element.

Dazu muss ich Folgendes erst einmal klarstellen: Während die Erzeugung und der Handel von Strom nach einigermaßen marktwirtschaftlichen Kriterien funktionieren und dort ein Preiswettbewerb besteht, gibt es das bei Stromnetzen nicht. Dort herrschen Gebietsmonopole. Es gibt eben nicht mehrere Leitungen parallel, die miteinander in Konkurrenz stehen. Das wäre auch ziemlich abenteuerlich und teuer.

In Deutschland gibt es vier Monopolisten beim Übertragungsnetz, deren Netzgebiete ganz klar voneinander abgegrenzt sind: 50Hertz im Osten Deutschlands und in Hamburg. TenneT von Schleswig-Holstein bis nach Bayern runter in einem breiten Korridor. Amprion im Westen und im schwäbischen Teil Bayerns sowie TransnetBW ausschließlich in Baden-Württemberg. Und einen viel größeren Flickenteppich gibt es bei den über 900 Verteilnetzbetreibern, darunter sind Riesen wie die Westnetz mit fast 6.000 Mitarbeitenden und Zwerge wie die Stadtwerke Olching in Oberbayern, deren Leitungen nur fünf Gemeinden miteinander verbinden.

Diese Netzbetreiber werden finanziert aus einem Topf, der auf unserer Stromrechnung mit »Netzentgelte« bezeichnet wird. Die Netzbetreiber haben die hoheitliche Aufgabe, das Stromnetz in Schuss zu halten und außerdem, es fit zu machen für den Transport von immer mehr Strom aus erneuerbaren Energien. Und da es sich um kommunale, genossenschaftliche oder privatwirtschaftliche Unternehmen handelt, sollen sie auch Gewinn machen dürfen.

Jetzt werden viele Leute sagen: Das ist ja irgendwie ein Selbstbedienungsladen, wenn die Netzbetreiber hier fett Geld einstreichen für etwas, dass die Gesellschaft sowieso von ihnen erwartet. Soll man ihnen doch nur so viel Geld geben, wie sie zur Erfüllung ihrer Aufgaben brauchen.

Hm. Wäre das clever? Würden diese Unternehmen dann wirklich motiviert ihre Arbeit machen, sich mit Bürgerinitiativen herumplagen, Rechtsstreitigkeiten austragen, neue technische Entwicklungen voranbringen, die Versorgungssicherheit und Systemstabilität gewährleisten? Oder würden sie Dienst nach

Vorschrift absolvieren nach dem Motto: Freitag nach eins macht jeder seins.

Und hier kommt die Pädagogik ins Spiel. Die autoritäre Variante, also die »schwarze Pädagogik« sähe so aus: Die Verantwortlichen für Bummelei beim Netzausbau müssten regelmäßig vor dem Präsidenten der Bundesnetzagentur strammstehen. Dort würde ihnen gehörig der Kopf gewaschen, die eine oder der andere würde rausgeschmissen, es würde gebrüllt und gedroht und alle zögen beschämt von dannen und hätten Angst davor, jemals wieder einen Fehler zu machen. Noch drastischer wäre die nordkoreanische Variante. Dort wären plötzlich sehr viele der vermeintlich Verantwortlichen »in Urlaub«. Und wer danach fragen würde, wo sich dieser »Urlaubsort« befindet, wäre ebenfalls »in Urlaub«. Nach allem, was mir bekannt ist, zeichnet sich die nordkoreanische Wirtschaft nicht durch eine besondere Leistungsfähigkeit aus.

Wäre hingegen ein antiautoritärer Netzausbau eine Lösung? Bei dieser Variante kämen alle Verantwortlichen auf Einladung der Bundeswirtschaftsministerperson (m/w/d) zu einem großen Stuhlkreis zusammen. Kollege Müller würde erzählen, dass es in seiner Beziehung gerade nicht so rund läuft und er deshalb unkonzentriert bei der Arbeit sei. Kollegin Krause beklagt sich, dass ihr Optiker schon seit vier Wochen mit der neuen Brille in Verzug sei und sie deshalb nicht auf die Baustelle gehen könne – wegen Arbeitsschutz und so. Dann wird zwei Stunden diskutiert, ob man die Fertigstellungstermine der Leitungen um 12 oder 24 Monate verschiebt – und einigt sich am Ende auf 48 Monate. Als Puffer. Die Ministerperson würde danach am liebsten alle umarmen, weil sie »so offen und ehrlich waren.« Aber weil das als sexuell übergriffig empfunden werden könnte, verzichtet er/sie darauf, streichelt allen rein symbolisch über den Kopf und sagt: »Wir kriegen das schon irgendwie gemeinsam alles hin. Da habe ich ein echt gutes Gefühl.«

Weil eben beides nicht hinhauen würde, haben Juristen und Ministerialbeamte ein geniales System erfunden: Die Anreizregulierung. Schön deutsch festgehalten in der **Anreizregulierungsverordnung** (ARegV).

Die ARegV vereinigt das Beste aus der autoritären und der antiautoritären Welt. Es ist ein ausgeklügeltes System an finanziellen Belohnungen und Bestrafungen, bei dem die Messlatte der Umsetzung immer etwas höher gehängt wird. Wer als Netzbetreiber die Netzentgelte im Sinne der Gesellschaft wirtschaftlich effizient einsetzt, bekommt eine höhere Rendite zugebilligt. Wer schlampt, rutscht im Extremfall in die roten Zahlen.

Theoretisch könnte man dieses Prinzip auch bei der Erziehung der eigenen pubertierenden Kinder – in einer sehr vereinfachten Form – anwenden. Diese Wesen haben ja oftmals Probleme, sich produktiv in die familiäre Gemeinschaft einzubringen. Sprich: Sie putzen, kochen, waschen (sich) nicht, kaufen widerwillig gelegentlich ein und blockieren regelmäßig das W-LAN. Schlagen darf man sie nicht und argumentative Diskurse sind für sie »echt voll 90er«, obwohl sie diese Dekade gar nicht kennen.

Die ARegV kann dazu beitragen, das häusliche Zusammenleben zu verbessern. Und das geht so: Man äußert gegenüber dem Heranwachsenden die folgende gesellschaftlich-familiäre Erwartung: 1. Das eigene Zimmer soll dauerhaft tipptopp aussehen. 2. Der Kühlschrank ist immer gut gefüllt. 3. Die Familie möchte gemeinsam regelmäßig abwechslungsreich essen. 4. Badezimmer, Backofen, Fenster und allerlei Ecken, in die schon länger niemand vorgedrungen ist, sind dauerhaft staub- und fettfrei zu halten. 4. Notendurchschnitt mindestens 2,0 in der Schule. 5. Häufiger mal grüßen und freundlich sein. Als Gegenleistung wird eine pekuniäre Gewinnbeteiligung in Aussicht gestellt.

Nun kommt der zweite Schritt: Ausgehend vom Basisjahr wird eine Regulierungsperiode vereinbart. Bei Stromnetzen dauert die fünf Jahre, aber im Familienleben reichen vielleicht auch zwei oder drei Jahre, bis die Pubertät vorübergezogen ist. Um das Basisjahr und das daraus resultierende fixe Taschengeld wird es vermutlich Gefeilsche geben, weil das Kind – blöd ist es natürlich nicht – sich eine möglichst hohe Grundvergütung sichern will, ohne viel dafür zu leisten.

Nun wird eine sogenannte Erlösobergrenze festgelegt, die aus den beiden Komponenten »Taschengeld« – das sind in der Fachsprache »dauerhaft nicht beeinflussbare Kosten« – plus einer Aufwandsentschädigung zur Erfüllung der Ziele anhand vordefinierter Kostensätze besteht. Diese heißen »beeinflussbare Kosten«. Die Erlösobergrenze soll verhindern, dass das Kind auch dort gegen Aufwandsentschädigung putzt, wo es längst nicht mehr nötig ist. Bevor es losgeht, stellen die Eltern noch einen »Effizienzvergleich« an, indem sie die Planungen des eigenen Kindes abgleichen mit den Erfahrungswerten von befreunden Familien, wie viel Zeit deren Kinder so zum Einkaufen, Putzen, Kochen etc. benötigen.

Hat das eigene Kind aufgrund dieses Vergleichs einen Effizienzwert von nur 80 %, muss es im Laufe der Regulierungsperiode um 20 Prozentpunkte effizienter werden. Dem Kind nützt es also nichts, die eigene Trägheit zum Maß aller Dinge zu machen – das würde im Rahmen des Effizienzvergleiches mit den Streberkindern anderer Familien auffallen. Es muss sich also noch mehr anstrengen. Wenn es dem Kind zum Beispiel gelingt, gleichzeitig mit der einen Hand den Staubsauger zu bedienen und mit der anderen Hand die Regalbretter abzuwischen, kann es seine Gewinnspanne vergrößern. Die maßgebliche Größe zum Geldverdienen sind daher die »effizienten Kosten«.

Die erwirtschaftete Zeitersparnis, umgerechnet in Kostensätzen für einzelne Arbeiten, darf das pubertierende Wesen dann behalten. Es kann dazu auch kreativ werden und mit Freunden eine Putz- und Einkaufskolonne gründen und so Zeitaufwand und Kosten optimieren. Der Fantasie sind hier keine Grenzen gesetzt, solange die Qualität der Arbeit nicht darunter leidet.

Werkzeuge und Putzmittel muss das Kind übrigens selbst einkaufen und bezahlen. Falls es dafür einen Kleinkredit aufnehmen muss, werden die Bankzinsen in die Anreizregulierung und die Erlösobergrenzen mit hineingerechnet. Schließlich soll das Modell ja nicht daran scheitern, dass zum Beispiel das Geld für einen modernen Staubsauger fehlte.

6 Wird der Strom auch digital?

6.1 Internet of good Energy

Das Internet bedienen wir alle, ohne es wirklich zu verstehen. Muss man auch nicht. In diesem weltumspannenden Kommunikationsnetz, das von seiner Struktur her starke Ähnlichkeiten mit einem vermaschten Stromnetz hat, flitzen Daten als Kombination aus den Ziffern 1 und 0 hin und her. Mit diesem Strickmuster kann man zum Beispiel Funkwellen simulieren und Töne übertragen. Das Gleiche funktioniert mit Schrift, mit Bildern und allem, was nicht zum Anfassen ist oder kein Gewicht hat. Wenn diese Informationen anfangen, mehr oder weniger selbstständig miteinander zu kommunizieren und sogar voneinander zu lernen, dann spricht man von »Künstlicher Intelligenz« (KI). Suchmaschinen oder Übersetzungstools wie DeepL basieren auf diesem Prinzip, weil sie sich selbstständig ohne Zutun von Programmierern ständig verbessern.

Inzwischen gibt es weitere Internette – oder heißt der Plural von Internet Internets? Es gibt das Internet of Words, das Internet of People, vielleicht sogar das Internet of Flowers oder das Internet of Cats. Wer weiß das schon, denn das Internet ist das Internet of All.

Eines ist aber wissenschaftlich amtlich. Das »Internet der Dinge«, meistens natürlich englisch ausgedrückt als »Internet of Things«, kurz IoT, wurde angeblich 1999 das erste Mal urkundlich erwähnt. IoT bedeutet nicht, dass man Gegenstände über das Internet verschicken kann. Das wäre dann das »Beamen« aus Star Trek – und so weit sind wir lange noch nicht. Beim IoT werden Gegenstände mit Sensoren, Messeinrichtungen oder ganz einfach Barcodes versehen und möglicherweise mit Aktoren verknüpft, die reale Handlungen auslösen. Typisches Beispiel: die Sendungsverfolgung bei DHL. Indem das Paket, das man beim Onlineshop des Vertrauens bestellt hat, mit einem QR- oder Strichcode versehen und bei jedem Umladen automatisch gescannt wird, können wir es auf seinem Weg durch halb Europa am Smartphone und damit via Internet mitverfolgen. Wenn es sechs Tage in irgendeinem Verteilzentrum in Spanien liegt, dann ahnen wir schon: Es ist verloren gegangen und wird niemals wieder auftauchen. Das ist dann das Internet of Lost Things (IoLT).

Autonomes Fahren ist ein weiteres Beispiel für IoT. Das Auto ist rundum mit allen möglichen Sensoren ausgestattet. Diese kommunizieren mit der Umgebung und aus den Daten errechnet das Auto in nahezu Echtzeit, ob es bei gelber Ampel Vollgas geben oder lieber abbremsen soll. (Wer zahlt beim autonomen Fahren eigentlich die Strafzettel?)

Fabriken können ein wunderbarer Ort für IoT-Anwendungen sein. Indem man überall Sensoren oder Messgeräte anbringt, die Strom- oder Gasverbräuche, Temperaturen, Geräusche, Abgase, Vibrationen und was weiß ich alles erfassen, in digitale Daten umwandeln, übertragen, bündeln, auswerten und dann wiederum Maschinen steuern, sodass der gesamte Prozess effizienter wird. Theoretisch könnte eine ganze Fabrik von ganz allein ohne Menschen laufen, nur mit KI-gesteuerten Robotern. Das bisschen humanoide Überwachung würde man von zu Hause vom Balkon aus machen, mit dem iPad in der einen und einem kühlen Aperol Spritz in der anderen Hand.

Eine Unterspezie des Internet of Things ist das Internet of Energy (IoE), das in GAR KEINEM FALL Energie über das Internet überträgt. Umgekehrt werden auch keine Daten über das Stromnetz übertragen – von wenigen Ausnahmen, zum Beispiel bei der Powerline-Technik, abgesehen. Wenn wir von »digitalen Stromnetzbetreibern« sprechen, dann heißt das also keinesfalls, dass der Strom zukünftig übers Smartphone in die Steckdose kommt. Diesen Irrglauben bitte sofort ablegen! Es ist immer noch umgekehrt, der Strom kommt über die Steckdose ins Smartphone. Da würden sich die Telefonleitungen aber freuen, wenn man 380.000 Volt durchjagen würde.

Die Idee hinter dem IoE ist folgende: Zunächst installiert man überall digitale Zähler, die den Stromfluss messen und die Daten in Echtzeit übertragen. Derzeit sind in Deutschland noch überwiegend sogenannte analoge Ferraris-Zähler installiert, die sich mal schnell, mal langsam hübsch im Kreis drehen. Einmal im Jahr geht man in den Keller, liest den Zählerstand ab, trägt die Daten auf einer Postkarte (!) ein und schickt sie an den lokalen Netzbetreiber. Die meisten Stromanbieter sind inzwischen so modern, dass man die Daten sogar auf einer Internetseite eintragen kann. Wow. Willkommen im 21. Jahrhundert. Mit IoE hat das aber nichts zu tun. Das soll sich aber ändern. Nach und nach sollen alle derzeit 53 Millionen Stromzähler in Deutschland auf »moderne Messeinrichtung« oder »intelligentes Messsystem« umgerüstet werden.

Aber weiter. Zusätzlich kann man nun noch weitere Verbrauchsgeräte in privaten Haushalten und in der Wirtschaft mit Zählern ausstatten, die permanent Daten senden. Das sind in erster Linie mal Elektroautos, weil die Batterien haben. Außerdem elektrische Wärmepumpen, weil die wiederum an Wasserwärmespeicher angeschlossen sind. Warum ausgerechnet die? Klar, E-Fahrzeuge und Wärmepumpen können Strom für eine gewisse Dauer entweder speichern oder zeitversetzt puffern. Das ist natürlich praktisch, um Angebot und Nachfrage im Stromnetz auszubalancieren. Man kann die Autobatterien anzapfen, wenn zu wenig Strom im Netz ist. Und man kann die Wärmepumpen anwerfen, wenn man einen Stromüberschuss loswerden will. Und diese Logik lässt sich erweitern. Auf Photovoltaikanlagen mit Batteriespeicher zum Beispiel oder auf Blockheizkraftwerke zur Erzeugung von Strom und Wärme.

Sogar Kühlgeräte könnte man nutzen, wenn sie datentechnisch in das IoE integriert werden. Und auf größere Ebenen skaliert bieten zum Beispiel Rechenzentren, Kühlhäuser oder Wärmespeicher – mit Wasser, Salzen, Stahl oder Steinen als Speichermedium – eine Möglichkeit, sie in das IoE zu integrieren. Daher haben auch die Begriffe »Sektorkopplung« und »Demand Side Management« etwas mit diesem ominösen Energie-Internet zu tun.

Je mehr Daten man generiert, akkumuliert und analysiert, desto genauere Prognosen sind möglich und desto besser und damit effizienter und kostengünstiger könnte man das gesamte Stromnetz sowie Millionen Prosumer (Zwitterwesen, die Strom erzeugen und verbrauchen) steuern und mehr und mehr launenhaften Strom aus Wind- und Solarenergie in das Gesamtsystem integrieren. Das ist die Theorie des Internet of Energy. Allerdings stehen dieser Vision noch ein paar Hindernisse im Weg:

1. Irgendwer muss diese ganze Datenflut sinnvoll in den Griff kriegen. Das Geheimnis liegt also darin, nur so viele Daten zu erheben und zu verarbeiten, wie wirklich erforderlich ist.
2. Das Erheben von Daten in Echtzeit verbraucht Rechenleistung und damit viel Strom. Die Strom-, CO_2- und Kostenersparnis muss also größer sein als der Strom-, CO_2- und Kostenaufwand. Sonst wäre das Ganze leider ein Internet of wasted Energy.
3. Daten sind ein persönliches Schutzgut. Wer darf sie sammeln und verwerten? Soll mein Netzbetreiber oder Stromlieferant wissen, wann und wie oft ich meinen Kühlschrank mit Riesling aus der Pfalz vollade?
4. Cyberkriminelle dürfen auf keinen Fall Zugriff auf Steuerungselemente oder akkumulierte Daten bekommen. Anderenfalls könnten sie in großem Stil Bilanzkreise manipulieren, den Strommarkt durcheinanderwirbeln und damit den Kollaps des Gesamtsystems hervorrufen.

5. Die ewig selben Fragen: Wer zahlt? Wer profitiert? Der Gesetzgeber hat Obergrenzen für die Kosten festgesetzt, die Messstellenbetreiber auf die Stromkunden umlegen können. Leider haben verschiedene Studien gezeigt, dass die Kostenersparnis durch eine digitale Verbrauchskontrolle geringer ist als die Kosten, die auf die Verbraucher durch die Umrüstung zukommen.

Das Internet of Energy ist daher momentan noch ein wenig ein Internet of Hope. Aber die stirbt bekanntlich zuletzt.

6.2 Herr Tur Tur und die Blockchain

Wahrscheinlich kennen Sie das Kinderbuch »Jim Knopf und Lukas der Lokomotivführer«. Auf ihrer Reise durch die Wüste »Ende der Welt« treffen Jim, Lukas und Emma auf den Riesen Tur Tur, der sich am Horizont vor ihnen auftürmt. Je näher sie dem unheimlichen Wesen kommen, desto mehr schrumpft er auf ein menschliches Maß zusammen und entpuppt sich als harmloser, hilfsbereiter und etwas einsamer Herr.

So ähnlich ist es auch mit der Blockchain. Die verbindet man vor allem mit dieser undurchschaubaren Kryptowährung Bitcoin und hält sie entweder für etwas furchtbar Großes und Unheimliches oder für eine technische Offenbarung und die Lösung aller Digitalisierungsprobleme.

Vor etwa fünf Jahren erfasste der Blockchain-Hype auch die Energiebranche. Manager, Wissenschaftler, Politiker und Journalisten pilgerten nach Brooklyn/New York, um dort eine Art achtes Weltwunder zu besichtigen: Das erste Blockchain-gesteuerte Microgrid der Welt! Vom Ende der klassischen Energieversorgung und Stromnetze wurde schon gefaselt, denn dank dieser ominösen Blockchain-Technologie könnten die Menschen selbst Strom erzeugen und zu fairen Preisen mit ihren Nachbarn handeln – ohne dass die mächtigen Stromkonzerne als Zwischenhändler abkassieren. Während der Rest der USA regelmäßig von Stromausfällen heimgesucht werde, könnten in dieser wundervollen Blockchain-Community rund um die Uhr und vollkommen ökologisch die Lichter immer brennen. Gestandene Energiemanager fingen schon an zu zittern, sahen ihr etabliertes Geschäftsmodell zusammenbrechen.

Doch was fanden die internationalen Delegationen vor Ort vor? Ein paar Photovoltaikanlagen auf Dächern und ein Häuflein begeisterter Computernerds in einem Hinterhofloft. Außerdem ein Serverraum mit etwas Technik. Das wars. Der Scheinriese Blockchain war geschrumpft auf Tur-Tur-Dimension und damit zu einem sympathischen Experiment.

Das Wort Blockchain bedeutet auf Deutsch so viel wie: verkettete Blöcke oder Klötze. Die Grundidee ist sehr demokratisch und wurde von einem ominösen Japaner (?) unter dem Pseudonym Satoshi Nakamoto erstmals 2008 vorgestellt. Es könnte auch eine Gruppe von Programmierern gewesen sein. Sie oder er oder es stellten mit der Blockchain ein überall im Internet verteiltes Register vor, das ohne eine zentrale Instanz auskommt – und dennoch manipulations- und fälschungssicher ist.

Man kann sich dieses System wie ein riesiges Archiv vorstellen, dem ständig neue Notizblöcke mit Informationen hinzugefügt werden, ohne die alten zu vernichten. Dieses Archiv befindet sich aber nicht irgendwo zentral in einem einzigen Gebäude, sondern verstreut auf der ganzen Welt als Kopien in den Bücherregalen aller Nutzer dieses Archivs. Digital natürlich. Kommt ein neuer Notizblock dazu, erhält er einen individuellen Fingerabdruck in Form einer Zahlenkombination, den sogenannten Hash sowie außerdem den Hash des davor angelegten Notizblocks. Über diese Hashes werden die Notizblöcke also chronologisch miteinander verkettet. So ist gewährleistet, dass nichts nachträglich manipuliert werden kann. Dazu müsste man ja die ganzen Hashes entschlüsseln, was nahezu unmöglich ist. Denn ein neuer Notizblock kann auch erst ins Archiv wandern, wenn er von allen Nutzern in einem gemeinsamen »Proof of Work« akzeptiert wird. Jeder kontrolliert also jeden. Die einzelnen Hashes wiederum erstellen Computer automatisch nach einem kryptografischen Verfahren. Sie werden also verschlüsselt.

Und was kann man damit jetzt genau machen? Im Prinzip alle möglichen Transaktionen ohne Vermittler, Kontrolleure, Makler oder Ähnliches durchführen. Also Geldgeschäfte ohne Bank, Grundstückskäufe ohne Notar oder eben auch Stromhandel ohne Stromhändler. Theoretisch jedenfalls.

Auch in der Energiebranche gab und gibt es viele Projekte mit der Blockchain-Technologie. Man kann damit zum Beispiel komplizierte Prozesse in der Bearbeitung von Energiedaten vereinfachen und standardisieren. Und es wird daran gearbeitet, all die Besitzer von Wärmepumpen, Batteriespeichern, Elektrofahrzeugen oder Mini-Blockheizkraftwerken miteinander zu vernetzen und so ihr aggregiertes Erzeugungs- oder Speicherpotenzial zur Stabilität des gesamten Stromsystems zu verwenden. Man würde die Blockchain dazu nutzen, quasi in Echtzeit Einspeisungen und Ausspeisungen in die Stromnetze im Gleichgewicht zu halten.

Die Blockchain-Technologie hat also mittlerweile viel von ihrem revolutionären Anstrich – und auch von ihrem Schrecken – verloren. Sie ist einigermaßen normal geworden.

Jede Technologie hat leider auch ihre Schattenseite. Die Blockchain kann gesellschaftlichen und ökologischen Fortschritt bringen. Aber leider hat sie auch eine dunkle Seite, und das sind Kryptowährungen wie Bitcoin & Co. Für mich sind sie ein klimaschädlicher Irrweg. Das sogenannte Mining, also das »Schürfen« nach versteckten Codes, verbraucht weltweit inzwischen über 70 TWh (Terawattstunde) Strom pro Jahr. Das ist mehr als ganz Dänemark an Strom benötigt. Mit einem gigantischen politischen, ökonomischen und technischen Aufwand erschließen wir die küstennahen teilweise ökologisch sensiblen Meere für die Windenergie – um mit dem erzeugten Strom Drogen- und Waffengeschäfte via Bitcoin auf dem kriminellen

Marktplatz des Internets, dem Darknet, zu ermögli-
chen. Was für ein Irrsinn und was für eine volkswirt-
schaftliche Verschwendung!

Leider hat der selbst ernannte Klimaschützer Elon
Musk viele Hundert Millionen Dollar mit Bitcoin-Speku-
lationen verdient, ehe er dann doch eine Kehrtwende
vollzog. Irgendwie ist der Klima-Paulus doch wohl eher
ein Klima-Saulus. Ein freundlicher Scheinriese Tur Tur
ist er jedenfalls nicht.

7. Abspann

7.1 Herz und Hertz

Es ist erstaunlich: Strom und Stromnetze haben sehr viel mit dem menschlichen Organismus gemein. Es scheint, als hätten Forscher und Ingenieure im Laufe der mittlerweile zweihundertjährigen Geschichte der Elektrizität eine Art Riesen-Homunkulus geschaffen, ein seelenloses technisches Wesen.

Die Parallelen zum Menschen oder einem anderen Säugetier sind frappierend. Jeder Mensch hat ein Herz. Es ist sein Kraftwerk. Unermüdlich pumpt diese Maschine in einer bestimmten Frequenz, die man medizinisch »Puls« nennt, Blut durch den Körper. Zunächst durch die Arterien, das sind die Übertragungsnetze, dann immer weiter verästelt bis hin zu den feinsten Kapillaren. Das wären die Steckdosen und Lichtschalter zu Hause. Das Herz braucht eine ganze Reihe von Hilfsorganen, damit über den Bluttransport genügend Energie in den Körper gelangt. Magen und Darm, um die Nahrung aufzuspalten. Leber und Nieren, um Schadstoffe herauszufiltern oder herauszuspülen. Lungen, um das Blut mit Sauerstoff zu versorgen und Kohlendioxid abzutransportieren.

In diesem Buch haben Sie eine Reihe von Apparaturen kennengelernt, die für den Betrieb eines Stromnetzes erforderlich sind. Kraftwerke und Leitungen erinnern an das Herz und die Blutbahnen. Spannungsregler, Spulen, STATCOMs oder Phasenschieber sind mit menschlichen Organen vergleichbar, um dem Stromnetz Nützliches hinzuzufügen oder Schädliches auszuscheiden. Um leben zu können, muss der Mensch Nahrung als chemisch gebundene Energie zu sich nehmen. Das Stromnetz benötigt für seine Existenz ebenfalls Nahrung, dabei handelt es sich um mechanisch (Generator) oder chemisch (Photovoltaik) erzeugte Spannung. Fehlt diese Spannung, kollabiert das Netz.

Wenn das menschliche Herz schwächelt, kann man es eine Weile mit Herzschrittmachern, Bypässen oder Operationen funktionsfähig halten oder gar durch ein künstliches Herz ersetzen. Verengen sich die Arterien, kann man den Durchfluss mit Blutverdünnern verbessern oder die Innenwände in einer komplizierten Prozedur entkalken. Ähnliches geschieht auch mit dem Stromnetz, permanent wird es überwacht, repariert, gestärkt, geflickt und mit neuen Blutbahnen versehen. Es ist ein Organismus, der sich durch Menschenhand rund um die Uhr in einem Regenerationsprozess befindet.

Aber klar. Der Mensch-Maschine-Vergleich ist vielleicht etwas zu banal. Das Stromnetz ist nicht auf ein einziges Herz angewiesen – das wäre viel zu riskant – sondern wird von inzwischen Millionen von Herzen in ganz Europa angetrieben. Nicht anders verhält es sich mit den weiteren Organen des Stromnetzes. Auch sie gibt es in abertausendfacher Ausfertigung.

Der wichtigste Unterschied zum Menschen besteht jedoch in der Endlichkeit. Irgendwann ereilt jeden Menschen der Tod. Das Stromnetz allerdings darf niemals sterben. Es ist zur Unendlichkeit verdammt.

Danke

Für Ermutigung, Unterstützung, Lob und Anregungen möchte ich mich ganz herzlich bei allen 50Hertz-Kolleginnen und Kollegen bedanken, insbesondere bei Kerstin Maria Rippel und dem Team »Kommunikation & Politik«. Viele nützliche fachliche Hinweise und Erklärungen habe ich u.a. bekommen von Gert Baudach, Claus Hodurek, Dr. Henrich Quick, Anne-Katrin Marten und Anita Saupe. Und mein Dank gilt auch allen, die den Blog »Strom zum Anfassen« auf LinkedIn liken, teilen und kommentieren.